KB254152

베이비부머, 스타일 모르고 외식 창업 절대로 하지 마라

베이비부머,
스타일 모르고 외식 창업 절대로 하지 마라

초판 1쇄 발행일_2013년 04월 25일
초판 2쇄 발행일_2013년 08월 20일

지은이_변상일
펴낸이_최길주

펴낸곳_도서출판 BG북갤러리
등록일자_2003년 11월 5일(제318-2003-00130호)
주소_서울시 영등포구 여의도동 14-5 아크로폴리스 406호
전화_02)761-7005(代) | 팩스_02)761-7995
홈페이지_http://www.bookgallery.co.kr
E-mail_cgjpower@hanmail.net

ⓒ 변상일, 2013

ISBN 978-89-6495-048-7 03320

이 도서의 국립중앙도서관 출판시도서목록(CIP)은 e-CIP홈페이지
(http://www.nl.go.kr/ecip)와 국가자료공동목록시스템(http://www.nl.go.kr/kolisnet)에서 이용
하실 수 있습니다.(CIP제어번호 : CIP2013003396)

베이비부머, 스타일 모르고 외식 창업 절대로 하지 마라

변상일 지음

북갤러리

외식업은 식음료 사업이 아니고 스타일이 있는 사업이다!

필자는 막무가내식 창업을 막는 외식업 스타일리스트입니다.

최근 들어 많은 사람들이 외식업(레스토랑, 카페) 창업을 하고 싶어 합니다. 특히 베이비부머(1955~1963년생)들은 너나할 것 없이 외식업을 선호하고 있는 추세입니다.

그러나 경쟁이 치열한 외식업시장에서 살아남기란 생각보다 어려운 것이 현실입니다. 누구나 성공을 꿈꾸고 창업을 하지만 성공은 그리 쉽게 오지 않기 때문입니다. 사전에 충분한 시장조사와 플랜(Plan)이 준비돼 있어도 성공하기 어렵습니다.

필자가 13년 전 카페를 창업할 때와 지금의 외식업 시장은 하루가 다르게 변화(Change)되고 있습니다. 처음 외식업(Cafe)을 창업할 때 필자는 보통 사람들처럼 단지 성공해서 돈을 벌어야겠다는 목적이 아니었습니다. 당시엔 패션 디자이너로서 유럽에 시장조사를 가끔 나가곤 했는데 카페의 선진국이자 커피 문화의 선진국, 파스타의 원조국가 등의 크고 작은 레스토랑과 카페를 쉽게 접하면서 '나도 언젠가는 카페를 창업해야겠다'라는 미래의 청사진을 그렸던 것입니다. 그러면서 지난 2000년 'F & P(Fashion & Passion)' 카페를 처음 창업하였습니다. 필자는 이 카페를 창업하기 위해서 사실 몇 년간 어떤 카페를 만들어야 하는지 많은 고민을 하였습니다.

결론은 패션 문화의 중심이 될 대구에서 카페문화를 사랑하는 사람들의 휴식공간으로 만들어야겠다고 생각하였습니다. 그래서 더욱 열정적으로 준비했고 명실 공히 아름다운 '문화꺼리'가 되고 사랑의 대화가 있는 산실이 되도록 하였습니다.

그러나 패션 사업을 하면서 이 모든 것을 하기에는 필자의 역량과 용량이 부족하다는 것을 조금씩 깨닫게 되었습니다. 필자의 역량으로는 패션업과 외식업, 두 마리의 토끼를 잡기에는 보이지 않는 어려움이 많았던 것입니다. 그래서 얻은 것이 외식업은 열정을 바쳐서 열심히 하면 그만큼 나에게 이익이 되는 것은 물론 서비스를 받는 고객들에게도 즐거움을 줄 수 있다는 사실이었습니다. 큰 경험을 한 것이죠. 특히 카페나 레스토랑은 제조와 서비스가 함께 이루어지는 곳이기 때문에 고객들의 반응이 그때그때 바로 나타납니다. 이게 바로 외식업의 특징이기도 합니다. 맛이 없거나, 비싸거나, 불친절하면 고객들이 다시는 찾지 않게 됩니다. 그래서 외식업종에서는 그 업소만의 지독한 스타일이 넘치는 공간으로 만들어가는 장사꾼이 되어야 합니다.

필자는 패션 디자이너 시절 패션쇼를 앞두고 모델 오디션을 보게 되면 정말 인정사정없는 디자이너였습니다. 평상시 친분이 있었던 모델이라 해도 이번 패션쇼 콘셉트에 맞지 않으면 과감히 잘라버렸으며, 리허설을 하면서도 몇 작품이 전체 콘셉트에 맞지 않는다고 판단되면 필자가 아무리 어렵게 만든 작품이라 해도 과감히 빼버렸어요. 작품 수가 많다고 해서 관객의 반응이 좋은 것은 아니기 때문이죠. 관객은 작품 수가 적어도 그 디자이너의 확고한 콘셉트를 보고 평가를 합니다.

'심플한 것이 베스트다'라는 말처럼 지금의 외식업 트렌드는 심플(Simple)입니다. 메뉴 수가 많지 않고, 또 복잡하지도 않고 단순하고, 순수한 맛을 내는 가게가 성공 확률이 높습니다. 인테리어 역시 디테일하지 않고 아주 단순하며, 사람들에게 편안한 느낌을 주어야 합니다.

그렇다면 심플한 가게와 심플한 메뉴, 심플한 경영은 어떻게 해야 하나? 해답은 스타일이 있는 창업을 하는 것이 심플입니다. 10여 년간 카페와 레스토랑 5개를 창업하고, 외식업 창업 컨설팅을 수차례 해 오면서 필자는 '스타일이 있어야 롱런(Long-run)을 하겠구나'라는 것을 경험하게 되었습니다.

지금의 치열한 외식업 시장에는 전문 메뉴와 맛, 가격, 인테리어, 분위기, 친절, 서비스 등이 아주 중요한 콘셉트로 자리를 잡아 가고 있습니다. 그러면 맛과 가격, 인테리어, 분위기, 친절, 서비스로 무장한 가게가 성공한다는 것일까? 그렇지 않습니다. 스타일로 무장한 스타일리시한 가게만이 성공 확률이 높다는 것이 필자의 노하우입니다.

그러면 성공하는 스타일이란 대체 무엇인가?

'변상일표 성공 스타일링'은 STYLE + C & C = SUCCESS STYLE(스타일 + 칩 앤 시크 = 성공스타일)입니다.

Sizzling : 청각적 시즐링을 '5감 시즐링'으로 확대 해석해서 시각, 청각, 미각, 촉각, 후각이 있어야 합니다.

sTorytelling : 엔터테인먼트들의 만남, 다양한 화젯거리와 무한한 창의성, 경험을 소통하는 장소로 만들어 나가야 합니다. 그리고 소셜 미디어에 퍼 나르기 좋게 해야 하고요(스마트폰의 보급에 따라 고객의 자랑거리로 만들어야 함).

Yourself : 오리지널 창업을 하세요. 남의 것을 베끼지 말고 나만의 것으로 만들어야 해요. 본인이 하고 싶은 대로 할 수 있어야 합니다.

Love : 나를 사랑하고 내가 하는 일과 고객과 종업원을 사랑하고 배려하는 것입니다.

Energizer : 외식업은 식음료 사업이 아니고 에너지, 열정, 삶의 의미를 제공하는 것입니다.

C & C(Cheap & Chic) : 칩 앤 시크란?

고객들의 소비스타일은 똑똑해지고 근사하고 실용적으로 변하고 있습니다. 전세계가 장기 불황으로 인해 생겨난 라이프스타일이라 할 수 있습니다. 이는 트렌드가 앞서 가면서도 값이 저렴하고, 실용성이 있으면서도 고급스러움을 겸비한 중저가 제품이나 최고의 서비스를 말합니다. 명품과 저가 상품으로 양분화된 기존 시장에 새로운 대상으로 부상한 것이라 할 수 있습니다. 가격 대비 가치가 높은 상품이라는 것이 칩 앤 시크의 특징입니다.

카페 창업 당시 필자가 Style + C & C를 미리 알았더라면 여러 부분에서 많이 절감되고 좀 더 고객들에게 친밀감을 줄 수 있었을 텐데 그렇지 못해 지금 많은 아쉬움과 후회가 됩니다. 입지와 건축인테리어는 최고로 했지만 투자에 비해 부가가치가 없었어요. 이것이 바로 막무가내식 창업이었던 것이죠. 다시 말하면 스타일이 부족했던 것입니다. 특히 소규모로 외식업 창업을 준비하는 베이비부머는 인생의 마지막이라는 애절함으로 시작하는 것이므로 더욱더 스타일리시한 창업을 해야 합니다.

필자는 적은 자본금을 갖고 외식사업을 하고자 하는 분에게, 창업컨설팅 회사, 창업에 관한 책에서 일러주지 않았던 필자만의 비밀을 독자들에게 공개하고자 합니다. 예비창업자와 창업 후 경영 부진으로 고생하는 베이비부머의 입장에서 이 책을 준비했기 때문에 바로 현장에서 적용할 수 있는 내용이라 자부합니다.

프랜차이즈가 아닌 오리지널 창업을 해서 오너 셰프가 엄선화(엄격하게 메뉴를 뽑아 낸 것)되고 전문화된 요리를 제공하는 전문점이 고객의 풍요로움과 만족도가 있습니다. 현대사회를 살아가는 모습은 행복한 라이프스타일을 원하고 있죠. 그래서 외식업 사업도 점점 다양화 되어가고 전문화되어 갑니다. 그러나 오너 셰프나, 아니면 셰프를 둔 주인이 '내 가게의 요리가 최고다'라고 생각하다가 만약 손님이 없게 되면 원인을 자기 가게의 탓이 아니고 외부 요인으로 돌립니다. 그렇기 때문에 소자본으로 시작하는 외식 창업자는 연구하고, 공부하고, 시장조사를 신발이 닳도록 해야 합니다. 지금은 모든 것이 전문화, 세분화되어 가는 시대입니다. 특히 전문점 외식업을 선택하여 다른 집보다 값싸고, 맛있고, 분위기가 좋고, 친절하고, 깨끗하고, 차별화된 옷차림, 서비스가 좋아야 고객에게 어필을 받을 수 있습니다.

필자가 특별히 강조하고자 하는 것은 우선 상권에 관계없이 입지가 본인의 업종과 맞아야 한다는 것입니다. 가능하면 프랜차이즈를 하지 말고 오리지널 창업을 하고, 가게 외장 디자인과 내장 디자인을 스타일 있게 차별화해야 합니다.

이제는 외식업 인테리어는 유럽형 카페 형태로 바뀌어 나가는 추세입니다. 그 이유는 수준 높은 라이프스타일과 고객의 눈높이가 향상되었기 때문일 것입니다. 시대는 바뀌어도 그 중에서 바뀌지 않는 것이 스타일입니다. 카페나 레스토랑을 운영하다가 성공한 사람과 망한 사람들을 분석해 보면 엄청난 차이가 나는데 실패의 이유는 스타일이 없는 잘못된 업종 선택과 위치 선정, 실내외 디자인 그리고 칩 시크를 제대로 이해하지 못했기 때문이에요.

이 책은 다른 외식업 창업 책과는 완전히 차별화되어 있습니다. 패션 디자이너로 30년 이상을 국내외에서 활동해오면서 그동안 쌓은 내공을 기반으로 외식업을 창업하고자 하는 베이비부머 그리고 창업 후 경영 부진으로 고민하는 분들에게 도움을 주고자 했습니다.

필자는 이제 외식업은 식음료 사업이 아니고 '스타일이 있는 사업이다'는 것을 강조합니다. 예비 창업자 여러분, 이 책을 읽고 스타일리시하게 창업하길 바랍니다.

2013년 3월
변상일

차례

PART 4 Love

나를 사랑하고, 내가 하는 일과 고객과 종업원을 사랑하고 배려하는 것이다.

오리지널 창업을 하라.
남의 것 베끼지 말고 나만의 것으로 만들어라.
그래야 본인이 하고 싶은 대로 할 수 있다.

Yourself

PART 1

프랜차이즈를 하지 말고 오리지널 창업을 하라!

지난 2012년 8월 17일자 〈중앙일보〉 기사를 보면 BBQ치킨으로 알려진 프랜차이즈 업체 제네시스는 14일, 16일 브랜드별 창업설명회를 신청한 8팀은 대부분 퇴사 이후를 준비하는 50대, 60대입니다. 이 회사 박승신 대리는 "창업비용이 3억~4억 정도 들지만 특별한 기술이 없어도 되기에 은퇴자들이 선호한다"고 말했어요. 이것은 은퇴자들의 잘못된 생각이에요. 장사를 얼마나 잘해서 투자금액 3억~4억 원을 언제 회수할 수 있을까요?

2011년 카페 A 프랜차이즈를 창업한 J씨는 2012년 12월에 다른 사람에게 인수인계를 해주었어요. 1층과 2층으로 된 약 120평 정도의 매장인데 수십억 원의 경비가 투자된 가게입니다. 경비(전기세, 인건비 등)가 너무 많이 나가고, 24시간 영업을 하는데도 매출에 비해 마진율이 너무 적어 투자 대비 수익이 적다고 하며, 벌써 내년에 인테리어 리뉴얼을 하겠다는 말도 했다고 합니다. 그래서 투자비용 회수도 언제 할지 모르고 해서 더 손해 보기 전에 가게를 넘겼다고 하네요. 목돈을 투자해서 푼돈을 만든 셈이죠. 창업 후 성공을 못하고 세월이 지나면 깡통아파트와 같은 깡통가게가 되기 쉽습니다.

넉넉지 못한 베이비부머는 프랜차이즈 본사의 장사 잘된다는 솔깃한 말에 거의 전재산을 투자하거나, 아니면 대출을 내어서라도 체인점에 올인을 합니다. 프랜차이즈 본사는 이런저런 명목을 달아서 힘없는 가맹주 돈을 챙겨갑니다. 게다가 몇 년에 한 번씩 본사가 직영하는 인테리어팀에게 리뉴얼을 다시 하라고도 하고요. 강자인 본사가 약자인 가맹주를 개목에 개 고리를 해서 끌고 다니는 꼴입니다. 이 횡포는 대형유통업체가 협력업체에게 협박을 하는 것과 비슷합니다. 왜 대형 유통업체에 끌려 다녀야 하나요? 힘없는 중소업체는 판로가 한정돼 있습니다. 울며 겨자 먹기로 '박리다매, 적자생존'으로 영업하면서 끌려 다닐 수밖에 없습니다.

외식업 경험이 없는 베이비부머가 프랜차이즈를 선호하는 이유는 본사에서 상권조사, 트렌드 파악에 따른 상품 구성과 신 메뉴 개발 등 노하우를 제공하고 마케팅 지원, 프랜차이즈 본사 브랜드를 사용해 초보자에게 안정감을 제공해 주기 때문일 것입니다. 그러나 이와 같은 장점은 있지만 단점이 더 많습니다. 가맹점비, 인테리어, 집기(주방시설물, 의자, 탁자, 컵, 하물며 휴지까지) 등 모든 것을 가맹점 본사에서 구입해야 하므로 투자 금액이 엄청 많이 듭니다. 특히 재료의 모든 것을 본사에서 구입해야 하고, 로열티도 부담해야 하기 때문에 수익률이 낮습니다. 프랜차이즈 창업교육을 받고 시키는 대로 하면 된다는 사고방식을 가지고 창업하면 위험합니다.

최근 들어 초보 베이비부머, 특히 생계형 외식업 창업을 노려서 프랜차이즈 본사가 우후죽순처럼 탄생되고 있습니다. 프랜차이즈 본사가 우후죽순 생기는 것은 정부의 잘못된 정책도 있습니다. 정부는 프랜차이즈를 육성하는 본사에게 자금지원을 해주고 있는데, 그 이유는 신규 외식 창업자들이 외식업에 지식이 없으므로 프랜차이즈 교육을 받고 창업하라는 탁상공론에서 나온 결과죠.

공정거래위원회에서 발표한 2012년 7월에만 외식업체 프랜차이즈 본부 신규 등록 브랜드 수가 63개라고 합니다. 이처럼 새로운 프랜차이즈 브랜드가 우후죽순처럼 탄생하는 것입니다. 이들 업체는 본점을 상권이 좋은 곳에 창업해 놓고 대대적인 신문광고를 해서 가맹점을 확대해 나가는 방식을 취합니다. 더구나 이런 브랜드는 대체로 역사가 짧고 무명이 많죠. 다시 말해서 브랜드 가치가 없다는 말입니다. 초보자가 어디에든 기댈 수 있다는 기대심리 때문에 프랜차이즈를 선호하지만, 이것은 극히 위험한 발상입니다. 장사는 본인이 하는 것이고. 본인의 노력에 의해 성패가 결정됩니다. 현재 오리지널 창업이 줄고 프랜차이즈 창업이 늘어나는 것도 이런 이유입니다. 쉽게 설명하면 프랜차이즈 본사는 장사를 할 수 있도록 멍석을 깔아주는 것이지 돈을 벌어 주는 것은 아닙니다.

프랜차이즈의 경우 본사에서 운영과 관련한 모든 것에 대해 교육을 받아서 경영합니다. 필자는 가맹점을 창업해서 성공했다는 인터뷰 기사는 거의 본적이 없어요. 여러분은 목돈을 투자하여 푼돈으로 만들지 마세요! '재주는 곰이 부리고 돈은 왕서방이 버는 것'과 같습니다. 필자는 특히 적은 자본을 가지고 절대 프랜차이즈 창업을 하지 말라고 주장합니다. 얼마 투자하면 얼마의 수익이 생긴다는 신문광고에 절대 현혹되어서는 안 됩니다. 세상에 공짜는 없습니다. 피터 드러커는 "모든 사업의 시도는 암흑 한 가운데를 향한 도약이며, 용기와 신념이 필요한 행위다. 사업에 대한 결단은 사람을 과거에 구속시키는 것이 아니라 미래를 만들기 위해 한 발자국 내딛게 하는 것이다"라고 했습니다.

오리지널 창업의 단점은 긴 시간을 갖고 철저한 시장조사와 그 업종에 맞는 품목을 배우는 과정이 프랜차이즈보다 시간이 더 길다는 것입니다. 그러나 무(無)에서 유(有)를 창출하는 과정은 같습니다. 오리지널 창업은 가맹비, 로열티, 인테리어비, 집기비 등이 없거나 절약됩니다. 즉, 프랜차이즈 창업비용의 반 정도만 투자하면 스타일이 있는 오리지널 가게가 탄생된다는 말입니다. 필자는 10년 동안 다섯 개의 외식업소를 창업했지만 100% 오리지널 창업을 하였습니다. 프랜차이즈 창업은 대박이 잘 나오지 않는데, 그 이유는 몇 미터 안에 같은 가게들이 하나씩 있어서 매출이 한정되어 있기 때문입니다. 하지만 나만의 가게인 오리지널 창업은 대박나기가 쉽습니다. 그리고 대박이 나게 되면 10년 이상은 번창하는 게 바로 외식업입니다.

오리지널 창업은 그 업종, 그 품목에 대해 본인이 좋아하고 미쳐야 승산이 있습니다. 나만의 메뉴, 나만의 공간, 나만의 마케팅, 나만의 인테리어, 나만의 브랜드이기에 장사가 조금만 되어도 부가율이 높습니다. 자신만의 브랜드로 프랜차이즈로 키울 수 있는 것도 오리지널 창업의 매력이기도 합니다.

오리지널 창업은 가게 평수와 관계없이 차별화된, 오로지 특별한 스타일을 갖춘 가게를 만들 수 있다는 것이 특징입니다. 내 가게만의 노하우를 갖고 장사를 해서 대형 체인점의 점주들이 부러운 눈초리를 받도록 만들어야 해요. 이 책의 여러 곳에 오리지널 창업의 장소, 인테리어, 메뉴, 마케팅 등의 모든 스타일이 상세히 설명되어 있으니 참고하세요.

문화적인 혁명가 헨리 데이비드 소로는 "인생은 대부분 내가 시도해 본 적이 없는 실험적인 것들로 가득하다"고 했어요. 하버드대 출신으로 집 한 번

지어 본 적 없는 소로는 단돈 28달러로 혼자서 2년 2개월 동안 지은 오두막 집이 걸작의 집필실이 되었고, 여기에서 탄생된 작품이 바로 《월든》입니다.

세계 어느 곳이든지 역사와 전통이 있는 명소는 자기만의 스타일을 가진 오리지널 브랜드입니다.

여러분, 프랜차이즈를 하지 말고 오리지널 창업을 하세요! 스타일이 있는 오리지널 외식 창업을 소자본으로 성공하려면 그 품목과 업종에 대해 열심히 공부하고, 고객이 무엇을 원하는지 알아야 하며, 필요한 것들을 얻기 위해 프랜차이즈사업보다 몇 배는 더 피나는 노력을 해야 합니다.

첫 단추를 잘 끼워라!

소자본을 갖고 외식 창업을 하려고 덤비는 사람은 거의가 자본력이 부족한 베이비부머들이 많아요. 이들은 먹고살기 위한 '생존경쟁'에 뛰어 들었기 때문에 내가 가장 좋아하고, 잘 할 수 있고, 자신 있는 업종을 선택해야 승률이 높아요. 건물을 지을 때, 집을 지을 때는 먼저 용도에 맞는 설계를 하지요.

설계도면이 나오면 시공업체가 건물을 짓고 집을 지어 완공이 되면 그 용도에 맞게 설계된 업종이 입주를 합니다. 상업용 건물이면 사무실, 외식업체 소매점 등. 그리고 집(APT)은 평수에 따라 자기 생활 기준에 맞는 사람이 입주를 하지요. 창업을 하겠다고 결심했으면 본인 스스로 좋아하는 것을 선택해야 승률이 높습니다. 유행에 따라 가다보면 업종선택에 실패할 위험이 클 수밖에 없습니다. "그거 잘되더라, 그거 대박이더라." 그 말에 당나귀 귀가 되어 시작했다가는 큰 코 다쳐요. 외식업종 중에 과연 자신이 무엇을 좋아하는가를 체크하는 것이 외식업의 첫 단추를 끼우는 것이죠. 예를 들어 커피를 좋아하고 케이크를 좋아한다, 커피 전문점 분위기를 좋아한다, 스테이크를 좋아한다, 파스타를 좋아한다, 술(와인, 맥주)을 좋아 한다 등, 좋아하는 업종이 있어야 창업하면 승률이 높아요. 만약 외식업을 싫어하는데 울며 겨자 먹기 식으로 생계를 유지하기 위해서 창업하면 거의 깡통을 찰 확률이 높지요. 그것도 빠른 시간에 깡통을 차게 돼요. 자신이 좋아하고 잘 할 수 있는 한 가지만 있어도 업종 선택하는 데 큰 어려움이 없어요.

필자는 2007년 이탈리안 레스토랑을 창업하기 전에 업종을 파스타로 선정해서 아들이 요리를 마스터해 놓은 상태였어요. 아들은 파스타에 미쳐있고, 필자는 파스타 전문점 전략을 스타일이 있는 칩 앤 시크(Cheap & Chic)로 승부하겠다는 로드맵이 있었어요. 자기와 맞는 업종은 분명히 좋아하고, 먹고 싶고, 분위기에 취하고 싶어야 미쳐서 널뛰지요. 외식업은 열심히 한다고 해서 성공하는 것이 아니고, 잘 해야 해요. 다시 말해서 그 업종에 미쳐야 합니다.

'커피 맛을 조금 아는 두 남자' 커피 전문점이 있어요. 이 두남자의 이름은, 현준 씨와 태환 씨. 대학 선후배 사이로 친형제 이상 절친한 사이예요. 현준 씨는 지체장애 1급으로 후배 태환 씨의 도움으로 사회생활을 하고 있어요. 필자는 이 두 남자의 카페 인테리어 컨설팅을 해 주었지요. 창업 자금은 경제적으로 여유가 있는 현준 씨 부모가 투자해 주었고, 커피 기술(원두 볶는 기술과 에스프레소 머신기 추출방법)은 태환 씨가 마스터해 놓은 상태였어요. 가게 위치를 결정하기 전에 카페에 대한 모든 지식을 터득하고 나름대로 영업 전략도 마스터해 놓은 상태였지요. 업종을 먼저 결정하면 그 업종에 대한 모든 지식을 터득할 수 있는 시간이 필요해요. 몇 달이 걸리든지, 1년 이상이 걸리든지 완벽하게 준비하고 창업을 시작해야 합니다. 지금 이 두 남자는 3호점(봉덕점, 동성로점, 수성점)까지 창업해서 성공한 카페 주인이 되었습니다.

오리지널 창업은 더욱더 업종과 궁합을 잘 맞추어야 합니다. 업종이 업종을 선택했으면 어떤 메뉴로 운영할지 매뉴얼이 결정되어야 합니다. 외식업체는 한식, 중식, 양식 3종류가 있어요.

여기서 변형된 퓨전 요리도 있어요. 지금 필자가 부르짖고 있는 것은 양식입니다. 양식에도 카페(커피 전문점), 레스토랑(파스타 전문점, 스테이크 전문점), 와인바, 서양식 선술집이 있는데, 여기에 있는 5가지 중 한 가지 품목을 선택해야 하는 이유는 업종 선택이 끝났기 때문이에요. 정해진 메뉴에 대해서 준비할 것이 많습니다. 그 메뉴에 따라 레슨을 받아야 하는데, 거기엔 바리스타, 파스타, 스테이크, 제과제빵, 케이크, 소믈리에 교육 등이 있어요.

품목을 카페로 정했으면 메뉴 레슨을 받아야 하겠지요. 커피를 추출하는 바리스타 교육, 케이크와 제과제빵 만들기, 와플, 토스트, 샐러드, 샌드위치 등 또 계절메뉴가 있어요. 카페는 바리스타 교육장에서 이런 것들을 다 마스터할 수 있어요. 파스타 전문점, 스테이크 전문점의 메뉴 개발은 장사가 잘되는 가게를 선택하여 셰프를 만나 자초지종 이야기를 진솔하게 털어 놓으면 개인지도를 받을 수 있어요. 한 번은 거절할 수 있지만 두 번째 부탁을 했을 때는 분명히 도와줘요. 이유는 셰프의 부수입이라서 흔쾌히 승낙합니다. 주인이 셰프인 경우는 아마 몇 번 찾아가야 한다는 각오 아래 접촉해야 합니다. 오해가 생기지 않게 풀어 나가는 것이 관건이겠지요.

필자도 첫 창업을 하면서 아내가 케이크 만드는 방법과 샐러드, 독일식 돈 가스 등의 요리방법에 대해 유능한 셰프에게 개인지도를 받았어요. 필자 주위에 주인 셰프도 개인지도를 해 주는 것도 많이 보았어요. 레슨비는 잘 절충하면 생각보다 비싸지는 않아요. 자본금이 적고 외식업 경험이 없는 사람은 필수적으로 요리를 배워야 해요. 작은 가게를 스타일 있게 칩 앤 시크로 무장해서 주인이 직접 요리하면 고객에게 신뢰성을 주고 단골을 빠르게 만들어 나갑니다. 요리를 배울 때는 필히 부부가 같이 배우면 더 좋겠죠. 부인이 셰프를 할 수도 있고, 셰프 보조도 될 수 있어요. 또 부부가 주방에서 요리를 하면 식자재 절약을 할 수 있어 원가 절감에서도 가격경쟁력이 있습니다.

내가 좋아하는 품목을 선택, 메뉴를 배워서 창업을 하면 그 메뉴를 자주 먹어보고 다른 집과 비교도 해보고 맛있게 하려고 엄청 노력하게 됩니다. 와인카페로 품목을 정한 예비 창업자는 와인을 좋아하기 때문에 큰 어려움이 없을 것으로 보이지만 그래도 와인 스쿨 아카데미에서 레슨을 받아 보는 것이 좋아요. 수입 주류도매점에서도 무료로 와인교육을 시켜줘요. 거래처 확보 차원에서의 서비스 개념이죠. 와인과 잘 어울리는 간단한 메뉴의 개발 및 교육도 받아야 해요. 서양식 선술집은 닭요리를 전문화시켜서 안주를 만드는 것이 대중화시킬 수 있고, 주문했을 때 요리가 빨리 나오며, 전문화 이미지도 줄 수 있어요.

현재 닭요리를 하는 서양식 선술집들이 많이 선보이고 있습니다. 서양식 선술집에서 꼭 필요한 것은 닭요리 단일품, 돼지요리 단일품으로 해서 경쟁업체와 차별화된 맛으로 메뉴개발을 해야 합니다. 외식 사업은 냉정하게 말해서 제조업이에요. 일반적으로 서비스업이라고 하지만 원초적으로 무엇을 만들어 내는 사업이죠. 인간은 태어날 때 어떤 것들을 알고 태어나지 않아요. 성장하고 교육을 받으면서 어떤 분야에 마니아가 되고 지식인이 되는 것이죠. 배움에 있어서 두려워할 필요가 없고 떨 필요도 없어요.

스스로가 셰프로 거듭나면 장애영아원, 고아원, 경로당 등에서 일일 자원봉사도 할 수 있어서 삶의 보람도 느끼게 됩니다. 아무리 디자인이 좋은 옷을 걸치고 맵시를 내어도 첫 단추를 잘못 끼우면 옷이 비틀어져 보기가 싫듯이 남보기 좋은 것을 선택하여 자신이 운영할 줄 모르면, 깡통을 찰 수 있습니다. 자신이 좋아하는 업종으로 스타일리시하게 첫 단추를 잘 끼우세요.

 베이비부머, 스타일 모르고 외식 창업 절대로 하지 마라

길목을 잘 잡아라!

백화점 매장 구성을 잘 보세요. 스타일 있는 명품 브랜드는 오픈매장 에스컬레이터 부근의 눈에 잘 띄는 곳에 있지 않습니다. 안쪽에 박스매장으로 조용한 곳에 있어요. 마니아 고객은 조용한 곳을 좋아한다는 것, 패션과 외식업이 크게 다르지 않습니다. 길목 선택에 있어서 오리지널 창업은 상권에 크게 좌우되지 않아요. 상권이 좋다는 것은 현재 활발하게 영업이 이루어지는 곳이라 할 수 있어요. 옛말에 '장사는 목이 좋아야 한다'는 말이 있지요. 좋은 목이란 장소가 좋아서 사람이 많이 붐비는 것이 아니라 나의 업종과 맞아 떨어지는 곳이죠.

객관적으로 봐서 자리가 좋지 않은데 나의 업종과 콘셉트가 맞으면 좋은 목이 될 수 있어요. 다시 말해서 주위 환경에 나의 업종과 코디네이션이 잘되는 곳이 명소예요. '까마귀 노는 곳에 백로야 가지 마라', 즉 나만의 가게를 신선하게, 차별화되게 창업하는 데 집값 비싸고, 임대료 비싸면서 업종이 시시각각 다른 번잡한 곳에서 오리지널 창업을 할 이유가 없어요. 물론 주위가 깨끗하면서 상권이 좋은 곳이 많아요. 그러나 집값, 임대료, 권리금이 너무 비싸지요. 이런 곳에서는 오리지널 창업을 할 필요가 없어요. 자본금이 적게 들어가는 곳을 선택하여 나만의 인테리어, 나만의 메뉴, 나만의 친절과 서비스로 무장하면 이곳이 좋은 목이 될 수 있어요.

10m~20m 폭의 깨끗한 주택가를 선정하면 주위에 주차할 수 있는 공간도 있고 아니면 이면 도로에 주차할 수도 있어요. 상가 밀집지역에는 본인이 아무리 특이하게 실내외 디자인을 잘 해 놓아도 '희소가치'가 떨어져요. 돼지국밥, 횟집, 설렁탕, 간판집, 오토바이 상회, 자전거 가게, 미용실, 분식집, 등산복 가게, 휴대폰 가게, 부동산 사무실 등이 몰려 있는 곳에서 카페, 레스토랑, 와인 하우스, 서양식 선술집 등이 있다고 생각해 보자고요. 생뚱맞다고 표현하면 어울릴 것 같아요. 아니면 주워 놓은 헌 구두 한 짝과 같은 느낌이 들어요. 특히 가게를 구할 때 부동산 업자의 말은 참고로만 하고 전적으로 믿지는 마세요. 이들은 소개업을 하는 사람이지 창업 컨설턴트, 창업 주치의도 아닙니다. 소개만 해주고 수수료만 챙기면 끝이에요. 영업이 잘되고 안 되는 것은 부동산 소개업자와 별개예요. 위치 선정에 흥하느냐 망하느냐, 웃느냐 우느냐가 달려 있어요.

부동산을 보는 눈, 상가 위치를 보는 눈, 길목을 보는 눈은 감각입니다. 그럼 감각은 어디에서 나오는가? 경험에서 나오죠. 경험을 쌓고 감각을 얻으려면 많은 노력이 필요합니다. 발바닥이 터지도록 시간별로 주위를 돌아 다녀야 합니다. 주위 환경을 익히려면 몇 달, 아니 2년이라도 발품을 팔아야 해요. 위치선정시 임대료가 싸고 가게가 고객의 눈에 뜨일 수 있는 위치가 APT 대단지 500m 반경도 좋아요. 구전으로 소문이 나면 찾아올 수 있는 거리죠.

그리고 유동차량 통행량을 세밀히 조사해야 합니다. 버스 통행량, 승용차 통행량 등 요즘 이동시에는 도보보다 차량이용을 많이 하기 때문이죠. 주위

환경도 중요시해야 합니다. 학교(초, 중, 고, 대학교), 아파트, 학원, 다세대 밀집지역 부근이라도 상권이 복잡하면 피하는 것이 좋아요. 주차장은 이면 도로에 주차할 수 있는 공간과 유료 주차장, 공영 주차장이 부근에 있는 곳을 선택해야 합니다. 약간 외곽지라도 승용차가 많이 다니는 깨끗한(여러 업종이 없는 곳) 거리도 좋아요. 폭 25m 미만 도로에 버스가 다니는 깨끗한 거리도 좋아요. 버스 안에 타고 있는 승객은 언젠가 한 번은 올 수 있어요. 이런 손님이 단골손님이 되고 충성 고객이 될 수 있어요. 업종 분포를 파악해야 하는데, 카페나 레스토랑이 많이 몰려 있는 거리는 피해야 해요. 첫 창업을 하는데 경쟁자가 15군데면 15:1로 싸워야 하잖아요. 그리고 유사업종이 많이 몰려 있는 곳은 이미 전문거리로 형성이 되었기 때문에 권리금, 임대료가 비싸요. 첫 창업 장소는 나만의 스타일리시한 가게를 할 수 있는, 조용하고 깨끗한 곳을 찾아 헤매야 합니다.

주위가 깨끗하고, 유동인구가 그런 대로 있고, 임대료가 싼 곳으로는 교회 부근이나 성당 부근도 좋아요. 성당, 교회 부근에 식음료 사업이 확률적으로 잘되는 이유는 성도들이 미사, 예배를 마치고 모이는 장소가 됩니다. 분위기가 좋으면 그들의 구전으로 성당, 교회에 다니지 않는 사람도 고객으로 올 수 있어요. 대구 삼덕성당 뒷골목은 카페 거리가 되었어요. 전국 어느 곳이나 중대형 성당, 교회 부근에 카페 창업을 하면 승률이 높아요. 장소가 좋은 곳이라면 서울에서 땅값이 비싼 곳인 명동, 강남지역을 말하죠? 그리고 젊음의 거리 홍대 앞, 이대부근, 이태원 등 여기서 장사하는 사람의 성공확률이 몇 %나 될까요? 흥하는 집도 있고, 망하는 집도 많이 있어요. 장소가 좋다고 해서 다 성공하는 것이 아니예요. 제일 중요한 것은 자신의 업종과 목이 맞아야 해요. 필자의 첫 창업 장소는 25m 도로 옆 주택가 밀집지역이었어요. 주위 이탈리안 레스토랑 '파스타민' 창업 역시 주택가대로였어요. 사거리 신호등을 끼고 있는 코너로, 거리가 깨끗하고 상가가 없는 조용한 주택지였지요. 가로수가 오래된 은행나무라서 가을에 단풍이 들면 장관이었어요. 주위 환경을 리서치하고 창업하는 데 1년이 걸렸습니다. 조급하게 서두르면 자칫하면 돈키호테가 될 수도 있습니다. 폭이 20m 도로인 이 거리는 차가 속력을 낼 수 없는 거리이며, 도로 옆에 주차도 할 수 있어서 좋았어요. 먼저 하루 이동 차량 대수와 신호 앞에 머무는 차량 대수, 저녁 식사시간의 차량 대수를 파악했어요. 사람 눈에는 잘 띌 수 있는 목이었죠. 신호등 앞 부근에 차를 세워 놓고 하루 2시간씩 차량 수를 체크했는데, 차 속에 있는 사람을 체크하기 위해서였습니다. 버스 승객을 포함해서 택시, 승용차 등 1분에 약 80대가 왔다 갔다 하는 것이에요. 그러면 1시간에 4,800명이 지나가고 15시간이면 72,000명이 가게 앞을 지나가는 것입니다. 다운타운보다 접근성이 좋다고 판단했어요. 유동인구는 보이지 않지만 가게를 보는 사람은 굉장히 많아요. 만약 도로가 30m 이상이 되어 차가 달리는 거리 같으면 문제가 다르겠지요. 차 스피드에 스타일이 있는 가게가 보이지 않을 것입니다. 그리고 대로 뒤의 이면 도로에는

주택을 리모델링한 'F & P' 1호점

다세대 주택들이 많아서 젊은 사람들이 많이 살고 있어요. 외식은 20대~40 대가 가장 많이 하기 때문에 주위 환경도 괜찮았어요. 한적한 거리라도 내가 장사를 잘하면 소문이 나서 유사한 업종이 하나둘씩 몰려들어요. 지금 이 거리는 신사동 '가로수 길' 같은 느낌이 들어요. 옷집, 카페, 레스토랑 등이 많이 들어서고 있어요.

서울 지하철 3호선 신사역 가까이에 은행나무가 늘어선 거리. 주택가였던 이곳에 하나둘 카페가 문을 열기 시작하더니 지금은 '가로수 길'이라는 명소가 되었어요. 이제는 외국인 관광객까지 가이드북을 들고 찾아오는 거리가 될 정도입니다. 큰 자본이 아니더라도 한 채의 주택이 가게로 변신할 수 있었다는 점이 유리하게 작용해 주변 주택들이 개조되면서 아름다운 카페 거리가 형성되었던 것이죠. 삼청동 길도 마찬가지예요. 이 동네는 2~3층으로 된 낮은 집들이 독특한 분위기를 갖춘 패션 가게들이 늘어서고, 카페나 레스토랑들이 자기만의 자태를 뽐내고 있습니다. 초보 창업자에게 특별히 조심할 것이 있는데, 2층은 '절대' 해서는 안 된다는 사실입니다. 아무리 인테리어를 잘 해 놓고 권리금이 없어도 '절대' 창업을 해서는 안 됩니다. 요즘의 외식문화는 1층 문화이면서 테라스 문화예요. 거의 유럽과 미주를 닮아 가고 있어요. 다운타운 2층에서 카페나 레스토랑을 운영하는 사람은 외식업의 선수이거나, 아니면 100% 초보자 혹은 다운타운의 무경험자입니다.

필자 역시 다운타운 2층에서 '파스타민' 2호점을 오픈했을 때 개업 연락을 받고 지인들만 올라오면서 뜨내기는 1주일 동안 한 명도 올라오지 않았어요. '아차!' 사람들은 앞을 보고 걷고, 옆을 보면서 걷고, 아래를 보면서도 걷는다. 그러나 위를 보고 걷는 사람은 거의 없다는 사실이죠. 2층, 3층에 무엇이 있는지 보행자는 잘 몰라요. 설사 어떤 업종이 장사를 한다 하더라도 귀찮아서 올라오지 않는 경우가 많아요. 그래서 이곳을 알리는 데 무척이나 힘이 들었고 장사가 잘되지 않았어요. 결론은 실패였어요. 유동인구가 많다고 해서 2층에 창업을 했다가 큰 코 깨진 사람이 많다는 것을 뒤늦게 알았죠.

'사이제리야' 레스토랑 회장 쇼가키 야스히코(일본에 869개 점포와 중국 등지에 77개의 점포 운영)의 첫 가게는 도쿄 채소가게 2층에 있어서 사람들 눈에 잘 띄지 않는 곳이었어요. 도쿄 중심가라서 그래도 손님이 쉽게 찾아 올 수 있겠지 하고 대수롭지 않게 생각했었어요. 그러나 생각과 달리 손님이 전혀 오지 않았다고 해요. 영업시간이 늘어나면 '손님이 올라오겠지'라고 생각하고 새벽 4시까지 연장영업을 했지만 손님은 전혀 올라오지 않았다고 합니다. 2층 영업은 손님이 올라올 수 있도록 한결같은 노력이 필요한 것을 그때 알았다고 해요.

좋은 길목은 자신이 만들어 가면 되는데 그 길목은 분명히 스타일이 있어야 합니다. 스타일이 있다면 한적한 주택가에서 카페나 전문 레스토랑을 창업해도 행인들의 눈에 확 띄게 되어 있습니다. 그 이유는 주위에 상가가 없어서 희소가치를 더욱더 느끼기 때문입니다. 적은 자본으로 시작할 경우 길목 선택을 꼼꼼하게 잘해야 성공할 수 있습니다.

인테리어를 칩 앤 시크(Cheap & Chic)하라!

칩 앤 시크한 인테리어 공사는 주인이 어떤 콘셉트에 따라 하느냐에 따라 공사비가 달라져요. 공사비 예산 얼마를 정해놓고 여기에 맞추어서 인테리어 디자이너와 상담해야 실수가 없습니다. 우리가 어떤 품목을 구입할 때도 나의 재정과 수입에 따라 구입해야 합니다. 자신의 재정과 수입은 한정되어 있는데 고급 수입 승용차를 구입해서 타고 다니면 몇 날 며칠은 기분이 좋을 것이나, 이 승용차에 올인했으니까 생활비는 어디서 어떻게 충당할 것인가. 또 무리하게 대출을 내어서 집장만 해서 살다가 퇴직하고 나면 매월 이자를 갚아 나가다가 집값이 떨어지면 걱정이 태산입니다. 지금 한국은 가계대출 때문에 하우스 푸어(House Poor)가 수없이 늘어나고 있고, 하물며 '깡통 아파트'를 가진 자가 19만 명이나 된다고 언론에서 야단입니다. 이 모든 것이 자기분수를 모르고 살아가는 모습 때문에 화(火)를 불러 온 거지요.

인테리어 역시 자기분수에 맞게 칩 앤 시크로 무장해야 합니다. 인테리어 투자를 많이 한다고 해서 손님이 많이 오는 것도 아니기 때문에 그 품목과 얼마나 콘셉트를 잘 맞추어서 작업을 하느냐에 달려있습니다. 가장 중요한 것은 '직영은 하지 마라'는 것을 강조하고 싶습니다.

예산을 정해 놓고도 직영공사를 해도 밑 빠진 독에 물 붓기 식이에요. 공사를 하다보면 필요 없는 것도 하게 되고 공사기간이 길어져 임대료 등 영업 손실이 올 수도 있습니다.

칩 앤 시크한 가게 인테리어는 봄, 여름, 가을에 해야 합니다. 이유는 겨울에 인테리어를 하면 설비공사에 하자가 많고 시멘트가 얼어서 잘 마르지 않아요. 그리고 추워서 일의 능률이 오르지 않고 낮이 짧기 때문에 작업 시간이 짧아서 공사기일이 길어져요. 필자는 동성로 '파스타민' 2호점 공사를 제일 추운 1월에 했었는데 바닥에 모르타르(시멘트 작업)를 부어 놓고 마르기를 기다렸는데 추워서 꽁꽁 얼어버렸어요. 다운타운에 임대료는 비싸고 하루하루가 돈이죠. 할 수 없이 모르타르가 마르기 전에 그 위에 투명 에폭시를 발랐어요. 결과는 바닥이 시멘트 색상으로 자연스러워야 하는데 검은 빛으로 얼룩이 져버렸어요. 실패지만 다시 할 수가 없어서 그냥 그대로 사용했죠. 배수구도 꽁꽁 얼어서 녹이는데 시간이 많이 걸렸고, 수도 계량기도 얼어 터져서 어려움이 많았어요. 겨울에는 추워서 하자발생이 많으므로 절대 공사를 하지 마세요.

다시 한 번 외치고 싶어요. 인테리어는 비싸다고 해서 절대 좋은 작품이 나오지 않아요. 인테리어 디자인은 감각이에요. 또한 주인의 마인드입니다. 인테리어업자 선정은 그 업종에 많이 공사한 업체를 선정해야 합니다. 분식점, 한식점, 중국집, 횟집 등 이런 공사를 많이 한 업체는 카페, 레스토랑, 와인바, 서양 선술집의 동선을 잘 몰라요. 동선이 안 잡히면 배열이 보기 싫고, 장사하는 데 불편하고, 가게가 안정된 느낌이 없고, 실내가 어수선해요. 동선은 건축 내외부에서 사람이나 물건이 어

9년 전 지인이 레스토랑 오리지널 창업을 한다고 한창 공사하는 중에 필자를 불러서 잘되어 가는지 봐달라는 거예요. 이 사람은 자기가 디자인하고 인부를 데리고 직영공사를 하고 있었어요. 필자는 보는 순간 깜짝 놀랐어요. 바텐이 안쪽으로 배치되었고, 크기는 분식점, 중국집 계산대 정도의 크기예요. 위치와 크기가 맞지 않아서 위치는 출입구 부근에 잡아주고, 크기는 "지금보다 약 5배로 키워라"라고 했죠. '반풍수 집안 망친다'라는 옛말이 있어요. 인테리어 조금 안다고 직영하면 '패가망신(敗家亡身)' 합니다.

프랜차이즈를 하면 본사 공사업체가 와서 그 브랜드에 맞게 공사를 하지요. 그러나 오리지널 창업은 실력이 검증된 업체를 선정해야 합니다. 최소한 같은 업종을 공사한 곳 3~4군데를 가보고 결정해야 합니다. 이런 방법도 있어요. 영업이 아주 잘되는 동일 업종 몇 군데를 리서치해서 그 집 주인에게 어디서 공사했느냐고 묻는 방법이 있어요. 그 주인은 상세하고 친절하게 안내해줄 것입니다. 그 이유는 장사가 잘되기 때문에 인테리어 업체를 소개시켜주고 싶을 것이기 때문입니다. 필자가 그런 경험을 많이 했어요. 'F & P' 카페를 보고 누가 했느냐, 어디서 했느냐 등을 묻기에 소개를 많이 시켜주었어요.

인테리어 업체에게 견적을 받을 때는 몇 군데를 받아야 합니다. 업체마다 조금씩 다르거든요. 그리고 공사업체가 결정되면 공사내역서와 계약서를 필히 받아야 합니다. 특약에는 하자보수 1년이란 문구를 필히 써야 해요. 장사하다 보면 하자가 많이 생겨요. 공사마감일도 명확히 기재해야 합니다. 세상에 공짜는 없어요. 싸다고 이름 없는 업체, 경험이 부족한 업체, 검증이 안 된 업체에는 절대 공사를 맡겨서는 안 됩니다. 공사 마무리를 다 해놓고 다시 뜯어서 공사할 순 없잖아요. 시공업체는 책임이 없어요. 그 업체의 실력이기 때문이죠.

지금 시대는 인터넷에도 여러 군데 공사한 것을 사진으로 많이 올려놓고 하지요. 그러나 사진으로 보여주는 이미지와 실제와는 많이 달라요. 세밀히 분석해서 본인과 콘셉트가 비슷한 곳이 있다면 만나서 상담해 보는 것도 좋은 방법이지만 참고로 하세요.

결제 방식은 계약서에 필히 써야 합니다. 공사계약금은 총공사비의 10%, 공사 시작하면서 착수금 20%, 1차 중도금 20%, 2차 중도금 30%, 잔금은 오픈 후 10일 이내 지급하는 것이 좋습니다. 공사가 진행되어 가는 과정에 따라 지불하는 방식이죠. 공사 진행은 몇 % 안 되었는데 자꾸 결제를 요구할 때는 한 번 정도 의심해보는 것이 좋습니다. 그때는 결제를 중단하고 계약서에 맞추어서 약속을 지켜달라고 해야 합니다. 다른 공사장에서 수금이 잘 안 되어서 이 공사장에서 충당시키려고 할 수도 있어요.

지난 2008년 이탈리안 레스토랑 'B & PUCCINI' 공사 중 시공업체가 중간에 돈을 자꾸 요구하기에, 필자는 후배이기 때문에 믿고 거의 90% 정도의 공사대금을 먼저 지불해 주었어요. 그 이후 이 후배는 부도가 났어요. 그래서 필자는 저 스스로 인부를 부르고, 자재를 넣고 해서 5개월 만에 개업을 했어요. 개업기일도 오래 걸렸고 물질적인 손해를 많이 보았지요. 시공업체는 친분이 있는 사람에게는 하지 않는 것이 좋아요. 원리 원칙대로 하기 어렵기 때문이죠. 건축, 인테리어업자, 소위 말하는 '노가다'는 약속을 밥 먹듯이 어겨요. 그래서 결제도 4번에 나누어서 공사 진척에 따라 지불해야 합니다.

공사 중에 할 일도 많아요.

공사 중에 근처에 도시가스가 지나가면 필히 도시가스를 넣어야 합니다. 일반가스 배달 업체와 도시가스 비용 차이가 많이 나기 때문이죠. 전기도 증설

해야 합니다. 가게 평수에 따라 다르겠지만 20평 미만 가게는 10km 이내로 증설하면 무리가 없어요. 외식업은 생각 외로 전기가 많이 소비됩니다(냉난방기, 대형 냉장고, 테이블 냉장고, 커피 머신기, 빙삭기, 식기세척기, 오븐레인지, 실내조명 등). 전기 용량이 부족하면 겨울에 난방기, 여름에 냉방기를 가동할 때 차단기가 자꾸 떨어질 수 있습니다. 2010년 1월, 그해 겨울 정말 추웠습니다. 기존 난방기로는 부족해서 전기난로 몇 개를 더 놓았는데 몇 분 지나니 메인 차단기가 떨어져서 가게 전체가 암흑가가 된 적이 있어요.

　공사하면서 주방기물을 파는 집과 위치선정이 정해져야 해요. 주방시설은 후드, 대형 냉장고, 테이블 냉장고, 식기세척기, 오븐기 등 주방기물 업체에서 설계를 해 주고 설계했던 대로 배치시켜줍니다. 이곳 역시 계약금만 지불하고 리허설 후에 잔금을 지불해야 합니다. 시스템이라서 가동해보고 결제해 주는 것이 좋아요. 만약 이상이 있을 때는 빠른 시간 내에 교환을 해야 하기 때문입니다. 한국 사람은 돈을 먼저 받으면 교환을 빨리 해 주려고 하지 않아요. 주방기물 중고 상점에서 구입해도 새것과 비슷한 것이 많아요. 여기에서도 예산을 줄일 수 있어요. 공사하기 전 주위에 있는 상가, 주택 등에 사전 양해를 구하는 것이 공사하는 데 도움이 됩니다.

　2004년 대구 봉산문화거리에 'F & P' 2호점 공사를 하는 중 구청에 몇 번이나 경고를 받아서 며칠 공사가 중단된 적이 있었습니다. 이유는 뒷집에 사는 사람이 심야영업(노래방)을 하고 새벽에 집에 들어와서 아침에 잠을 자는 거예요. 우리가 공사할 시간에 뒷집 사람은 잠자는 시간이고, 우리가 공사가 끝나는 시간이면 이 사람은 일어나는 시간이에요. 그래서 필자는 뒷집 사람을 만나서 보약을 지어 드시라고 얼마의 돈을 주면서 잘 해결을 했어요. 사전에 일찍 찾아가서 양해를 구하고 사전 예방을 했으면 공사지연이 없었을 것입니다.

 베이비부머, 스타일 모르고 외식 창업 절대로 하지 마라

주택을 리모델링한 'F & P' 2호점

인테리어 공사 중에 할 일이 많습니다. 창업 신규 행정 절차를 알아봐야 하며, 인테리어 공사를 착수하면서 바로 화재보험 가입도 해야 합니다. 만약 공사 중 화재가 발생할 수도 있기 때문이죠. 누구에게도 하소연할 수가 없잖아요. 14년 전 일인데 지인이 인테리어 공사를 하고 있는 중 화재가 일어났던 일이 있었어요. 카페 공사 마감 며칠을 앞두고 바닥에 투명 에폭시를 바르면서 바닥을 바르는 사람이 무의식중에 담배를 물고 불을 붙이다가 불똥이 튀어서 순간적으로 이 가게는 잿더미가 되었어요. 에폭시는 폭발력이 강한 인화성 물질이에요. 예비 카페 주인과 인테리어 디자이너 두 사람을 수습하는 데 몇 년 동안 많은 어려움을 겪으면서 창업도 하지 못했어요.

이밖에 상호(브랜드) 짓기, 상표 디자인, 상호와 상표가 완성되면 특허청에 상호 등록하기, 가게에 필요한 기물 알아보기(테이블, 의자……) 등도 알아둬야 합니다.

또 인테리어가 완성되면 동시에 영업허가증과 사업자등록증이 나와 있어야 합니다. 기물을 구입할 때 세금계산서를 받고 부가세 신고할 때 환급을 받아야 하기 때문이죠.

개업 직전에 모든 행정 절차는 관할 구청에 가면 친절히 안내해 줍니다. 스타일 있는 칩 앤 시크 인테리어로 한 번 준비를 잘 해놓으면 평생 동안 영업을 해도 오히려 앤틱스럽게 보여서 역사가 있는 가게로 보입니다. 외식 창업은 한 번 투자하여 때가 묻은 장인의 가게로 만들어야 합니다. 인테리어를 센스 있게 잘해놓으면 시간이 갈수록 명품가게 같이 보입니다. 참고로 유럽에는 100년 전, 200년 전 모습이 지금 그대로 있는 곳이 많습니다.

인테리어 디자이너와 코디네이션 하라!

설계도면이 나오기 전에 예비 창업주와 시공자의 충분한 교감이 있어야 실수가 없습니다. 예비 창업주는 실내외를 다 벗기고 천장이 높게 노출 콘크리트 스타일로 가고 싶은데 시공자는 목 작업을 하려고 해요. 이럴 때는 자신의 주장을 내세워 노출 콘크리트로 해서 훤하고 환하게 하자고 해야 해요. 이 말을 이해하지 못한 시공자와는 계약을 하지 마세요. 이유는 작은 가게일수록 군두더기가 없어야 되고, 공간 미학을 모르면 영업 동선도 잘 나오기 어렵기 때문입니다.

천장이 높아서 좋은 객관적인 이유가 되는 근거를 들어보죠.

생물학, 생화학 분야에서 세계 최고 수준의 연구소로 노벨상 수상자를 5명이나 배출한 미국의 소크연구소(SALK Institute)는 연구원들의 창의력을 높이기 위해 당시로서는 파격적인 천장을 설계한 것으로 유명하죠. 최근 미국 기업의 사무실 또한 직원 1인당 사무공간이 1970년대 $46 \sim 65m^2$(14~20평)에서 $18m^2$(5.4평)로 개인 IT기기의 발달, 그리고 기업들의 경비절감 노력 등의 이유로 줄어들고 있지만 사무실 천장만큼은 점점 높아지고 있어요. 20세기에는 사무실 천장 높이가 평균 2.4m였지만 1990년대 후반 2.7m로 높아졌고, 최근 신축 중인 빌딩들은 평균 3m에 가까워요. 이런 일련의 추세는 공간 디자인을 활용해 직원들의 창의력을 도모하고자 하는 기업들의 노력을 보여 주는 것이라 할 수 있습니다.

실내를 벗기면 최대한 1평~1.5평은 커져요. 실내평수가 20평 미만인 가게가 약 1.5평 정도 커지면 실용성이 있는 창고가 탄생하지요. 평수에 따라 조금은 다르겠지만 작은 평수일수록 심플해야 해요. 소위 '군더더기'가 없어야 해요. 실내를 다 벗기고 나면 자신이 원했던 그림을 그릴 수 있어요. 천장과 벽체를 노출 콘크리트식으로 마이크로 본드로 미장하면 앤틱스러워 보여요. 그리고 벽 한 군데에 포인트 컬러를 주고 싶으면 그린이나 주황색을 칠하면 편안해 보이죠.

5년 전 '안단테' 카페 인테리어 컨설팅을 해주면서 노출 콘크리트 공법을 사용하여 해마다 여름 장마철을 무사히 넘기고 있어요. 특히 옛날 건물들은 방수가 낡아서 비가 새는 집들이 많아요. 만약 비가 새어 들어와도 큰 문제가 없으면서 별 표시가 안나요. 그리고 노출 콘크리트 스타일 인테리어기법은 경제적이에요. 경비를 적게 들이면서 고급스러워 보여요. 친환경적이고 독성이 없는 것이 특징이라서 '2030'의 마음을 사로잡은 프랜차이즈 호텔 '야자'(야놀자, 대표 이수진)는 카페 분위기로 실내를 연출하였죠. 룸 전체는 노출 콘크리트 방식에 원목, 금속소재를 접목시키면서 호텔 내부(Room)에도 이 공법을 쓰는 것은 편안한 느낌을 주기 때문이에요.

프랑스 루브르박물관 내에도 노출 콘크리트 기법이죠. 그리고 드골공항도 노출 콘크리트 스타일이고요. 이 기법을 많이 사용하는 이유는 시각적으로 편안하게 보이고, 공사기간이 짧고, 경비가 절감이 되기 때문이에요. 오리지널

벽체를 모두 벗긴 노출 콘크리트 기법을 사용한 카페

창업 카페 '로스팅로보'는 천장 벽체를 다 벗긴 누드카페예요[사진 참조]. 천장이 높아서 시원하고 공기가 맑아서 소위 말하는 물 좋다고 젊은 고객들로 붐벼요. 작은 가게일수록 군더더기가 없고 심플해야 커 보이고 근무 환경이 좋아요.

누드가 싫으면 색을 쓰세요. 색을 쓸 때는 심사숙고해서 색 선택을 잘해야 해요. 노출 콘크리트 스타일(벽면에 본드 코트를 바르는 작업) 벽면 위에 무광 수성페인트를 바르면 편안한 느낌을 주어요. 절대 색을 2가지 이상으로 바르면 안 돼요. 혼란해지기 때문이지요. 필자는 옷을 만들 때 프린트 물을 쓰지 않아요. 이유는 유행의 사이클이 짧고 싫증을 빨리 느끼기 때문이죠. 단색으로 만든 옷은 재고가 없어요. 명품 브랜드 옷들은 화려하지 않아요. 심플한 색상과 심플한 디자인입니다. 건축 인테리어 역시 패션과 같은 맥락입니다. 편안한 색 2가지 이내를 부분적으로 발라도 이색적인 느낌이 들어요.

칸딘스키(화가, 1866~1944년, 러시아 태생)는 음악에서 음의 높낮이가 다르고 악기마다 독특한 음색이 있듯이 색채도 저마다 느낌이 다르다는 것을 색채연구를 통해 밝혀내기도 했어요. 실내에는 녹색(Green)과 주황색(Orange)을 많이 쓰지요. 녹색은 피로를 풀어주고, 병을 죽이고, 생명력을 부여시키는 색이죠. 사막의 오아시스같이 녹색은 인간의 마음에 안정과 안식을 가져다줘요. 그리고 긍정적인 마인드로 바꾸어주는 역할을 해요. 특히 눈을 편안하게 해주어요. 병원 입원실 커튼과 벽지를 그린 색으로 하는 이유는 환자에게 안정과 안식을 가져다주면서 긍정적인 마인드를 바꾸어 주는 역할을 하고, 환자를 안심시키는 역할을 해주기 때문이에요. 주황색은 사람의 기분을 즐겁고 경쾌하게 해주며 건강, 활력, 창의력, 기쁨, 자신감, 용기, 낙천성, 삶에 대한 긍정적인 느낌을 주는 색이죠. 행복한 느낌을 주

 베이비부머, 스타일 모르고 외식 창업 절대로 하지 마라

고 식욕을 돋워 주는 색이어서 레스토랑이나 카페, 패스트푸드점에서 즐겨 사용하고 있어요. 주황색을 사용하면 실내가 밝고 명랑해 보여서 젊은 사람들이 좋아하지요. 누드에 색을 써서 섹시하게 보임으로 해서 이런 공간에서 활동하면 쾌적한 느낌이 들어요. 가게는 작지만 작은 느낌이 들지 않아요. 손님이 꽉 차 있어도 답답한 느낌이 들지 않는 것이 특징이에요. 컬러풀하고 섹시한 공간에서 일을 할 수 있다는 긍지와 자존심을 심어주어요. 그리고 이런 공간은 뇌의 활동력을 높여주기 때문에 일의 능률도 올라요. 지인들이 와도 서글픈 생각이 들지 않고 부럽게 느껴질 것입니다.

인테리어 디자이너와 교감을 나눌 때는 많은 업소에 같이 다녀봐야 그 사람의 실력을 어느 정도 읽을 수가 있어요.

메이크업을 심플하게 하라!

외장을 독립적으로 심플한 메이크업을 잘해야 고객을 유혹할 수 있어요. 단독적인 가게를 제외한 오피스빌딩이나 상가건물은 나만의 독자적인 스타일로 외장을 메이크업해야 합니다. 단층(일층) 단독매장은 자연스럽게 독립적인 영업장소로 만들어지지만, 상가건물, 오피스빌딩 1층에서 영업하는 곳에는 건물에 묻혀서 스쳐지나가는 곳이 되기 쉬워요. 그래서 독립적인 심플한 메이크업을 해야 합니다. 메이크업은 부피가 크고, 볼륨감 있게 해야 하는데 어떤 식으로 해야 할까요?

제일 중요한 것은 테라스(Terrace)를 만들어야 해요. 테라스 역할은 시각적으로 아름다워 보이며 정적인 역할을 하기 때문에 가게가 편안하게 보여요. 그래서 고객을 흡수하는 역할을 해요. 실내에서 식음료를 즐기는 것보다 밖의 탁 트인 공간에서 즐기는 추세예요. 유럽에는 실내에서 식음료를 먹는 값보다 테라스에서 먹는 값이 더 비싸지요. 그만큼 테라스 공간이 인기가 있다는 것이죠.

20~30년 전만 해도 한국은 먼지가 많이 들어와서 실내 문을 열어 놓지 못

했어요. 이제는 전국 어디에 가도 도로, 인도가 포장이 잘되어서 먼지 나는 곳이 없어요. 테라스에서 영업할 수 있는 계절은 봄, 여름, 가을(8개월)이에요. 겨울에는 이동식 가스난로를 사용하고 날씨가 상당히 추울 땐 비닐 커버를 씌우면 천장이 트여서 하늘이 보이고 앞도 환하게 볼 수 있어서 특이한 매장이 될 수 있어요. 약 4개월 정도는 테라스에 비닐커버를 씌웁니다. 고객이 추워서 테라스에 앉기 싫어하기 때문이지요. 외부에 테라스 장소가 없으면 접이식 윈도를 해서 윈도를 열어놓을 수도 있어요. 그래서 이동식 테라스를 만들어야 해요. 유럽이나 미국은 접이식 윈도우를 사용해서 가게를 환하게 열어 놓고 인도에 테이블을 놓고 영업을 해요. 테라스를 만들면 반드시 어닝(경량의 채양)을 설치해야 합니다.

신축 오피스빌딩이나 신축 상가 건물 외장은 깨끗하지요. 그래서 그 외장 위에 간판을 붙이는 경우가 많은데 이런 경우가 그 건물에 묻혀가기 쉬워요. 고객에게는 스쳐지나가는 가게로 될 수 있어요. 신축 건물이라도 외장은 '나의 스타일'로 독립적인 메이크업을 해야 합니다. 예를 들어 외벽에 파벽을 붙이든지, 철판을 사용하든지, 노출 콘크리트 형태로 하든지 볼륨감 있게 나만의 스타일로 독립해야 합니다.

미국의 심리학자 고든 올포트(Gorden Allport)는 대인 지각이론을 발표하면서 "보다 빠른 시대에 살고 있는 우리는 3일이 아니라 3초 안에 상대방을 평가한다"고 해요. 첫 대면하는 것이 사회적 상호작용(Social Interaction)이라는 것을 주장하고 있습니다. 처음 대하는 가게 외장을 볼 때 사람을 대면하는 것보다 빨리 평가할 수 있어요. 그러므로 자신의 삶의 터전에 좋은 이미지를 주고 싶으면 멋있는, 매력 있는 독립적인 메이크업을 해야 합니다. 우리가 여행 중 가게가 특이해서 들어가 보았을 때 분위기가 좋으면 맛이 그 분위기

주택을 리모델링한 유럽풍 스타일(파스타민) 테라스가 레스토랑의 시각적 효과를 좌우한다.

에 묻힐 때가 많습니다.

스타일 있는 독립적인 메이크업을 하려면 외장에 조금 더 투자하세요. 지금 패션의 소비 형태도 나만의 스타일로 독립하고 있어요. 아웃웨어(겉옷 : 재킷, 코트)는 고가 브랜드로 걸치고 이너웨어(셔츠, 스웨터, 블라우스 등)는 패스트 패션 브랜드(유니클로, H & M, 자라 등)를 구입해 적절히 코디네이션해서 입어요.

건축(외장+내장)도 패션과 같아서 외장이 좋으면 내장도 좋아 보이는 시각적 효과가 있어요. 구전으로 오는 고객을 제외하고는 가게의 외장을 보고 들어오는 경우가 많아요. 외장은 고객이 편안하게 느껴질 때 들어가 보고 싶은 충동이 일어납니다. 일단 고객을 유치시키기 위해

서는 심플한 메이크업으로 독립하세요. 옷을 멋있게 입은 사람에게 호
감이 가듯이 가게도 멋있게 느껴지도록 메이크업으로 독립하면 고객이
호감을 느껴 들어오고 싶어 할 것입니다.

상호(Brand)를 뜻있게 지어라!

카페와 레스토랑, 식음료 사업뿐만 아니라 모든 경제를 움직이는 곳에는 상호(브랜드)가 있어야 합니다. 상호는 그 업종의 얼굴입니다. 특히 테이블 서비스가 제공되는 외식업은 고객들이 대부분 약속장소로 정하기 때문에 더욱더 중요하지요. 고객에게 친숙하고 편안하게 기억을 잘 할 수 있는 상호가 좋습니다. 상호(브랜드명)를 짓는 데는 그 사람(주인)의 특징이 가미되면 더욱더 좋겠죠. 예를 들면 카페 'F & P'는 주인이 패션 디자이너이기에 'Fashion & Passion'(패션과 열정)이라는 상호를 지었고 'Pastamin'은 '파스타에 미친 창민'의 이름 끝 자 '민'을 접목해서 '파스타민'이라는 상호를 만들었어요. 'B & PUCCINI'는 변상일 주인이 오페라 작곡가 푸치니를 좋아하는 뜻으로 지은 것이에요. 상호는 그 사람의 정체성을 알 수 있어요. 자신이 화가 고호를 좋아하면 '빈센트 킴', 모차르트를 좋아하면 '아마데우스 킴' 등 누가 상호의 뜻을 물으면 그 이유를 설명할 수 있어야 해요.

상호는 내가 좋아 하는 것을 가미시키면 고객이 주인의 취미와 성향을 알 수 있어요. 등산을 좋아하면 몽블랑 카페, 에베레스트 카페

뜻 없이 외래어를 섞어서 상호를 짓는 것은 고객들에게도 다가가기 어려워요. '라벨라 쿠치나'의 뜻은 이탈리아어로 아름다운 주방이라는 뜻인데, 주방은 홀 뒤편에 숨어서 어디 있는지도 몰라요. 이 상호는 오픈 주방과 콘셉트가 맞아요.

상호를 지은 후 나만의 브랜드로만 사용하려면 먼저 특허청에 문의해야만 해요. 혹시 이미 등록된 상호인지 꼭 체크해야 하며, 상호를 특허청에 등록을 할 때 상표와 같이 해야 합니다. 상표(Corporate Identity 브랜드 및 회사 이미지)와 상호를 짓고 나면 상호 디자인과 상표 디자인을 해서 대전에 있는 특허청에 직접 등록하러 가세요. 가까운 변리사 사무실이 있지만 등록비가 약 3배 정도 차이가 나요. 상호와 상표등록 없이 영업 중에 상호 사용을 중지하라는 내용증명이 올 수도 있습니다. 뒤 늦게 창업한 사람이 앞서 창업한 상호를 보고 특허청에 미등록된 것을 확인 후 그 사람이 먼저 등록했을 경우를 말하는 것입니다.

상호로 등록된 이름을 쓰다가 벌금 1,000만 원을 낸 사례도 있어요. 다음은 당시 신문기사입니다.

'샤넬 비즈니스 클럽'이란 상호로 술집을 운영하던 자영업자에게 샤넬 본사 측에 거액을 배상하라는 법원의 판결이 나왔다. 서울 중앙지점 민사합의 21부(부장판사 김현석)는 프랑스의 세계적인 명품 브랜드 샤넬이 황 모 씨를 상대로 낸 부정경쟁행위 금지 등에 관한 손해배상 소송에서 "황씨는 샤넬 측에

1,000만 원을 배상하라"는 원고 승소 판결을 했다고 지난 2012년 8월 21일 밝혔다.

샤넬은 황씨가 경기도 성남시에서 운영하는 '샤넬 비즈니스 클럽'이란 상호를 두고 "유흥주점 영업이나 광고를 통해 'CHANEL'과 '샤넬' 상표를 사용한 황씨의 행위는 본사 고유의 식별력이나 명성을 손상하는 행위에 해당한다"며 지난 4월 서울 중앙지법에서 소송을 제기했다. 샤넬 측은 소장에서 "대법원 판례를 봐도 1986년 10월에 이미 'CHANEL'은 사회 통념상 객관적으로 국내에 널리 알려진 저명한 상표였다"며 "황씨는 샤넬의 표지를 부정적인 이미지의 서비스에 사용해 기존의 좋은 가치를 훼손했다"고 강조했다. 황씨는 샤넬 측의 소송제기에 사실상 아무런 대응을 하지 않았고, 재판은 황씨 측의 변론 없이 종결된 채 샤넬의 승소로 마무리됐다.

스타벅스가 일본에 정착하면서 큰 인기를 끌고 있을 때 비슷하게 간판을 만들어 영업하다가 망신당한 사례도 있어요. 일본에 '엑셀시오르' 카페는 스타벅스와 간판이 비슷하다 하여 스타벅스 측으로부터 고소를 당하여 결국 간판을 내리고 말았어요.

대형 프랜차이즈 '로고'를 절대 비슷하게 해서는 안 됩니다. 스타일 있는 상호, 상표 디자인은 그 사람, 그 가게의 얼굴이에요. 전문가에 의뢰해서 멋있는 디자인을 해야 나중에 명함이나 간판, 커피잔, 접시, 휴지 등에 다양하게 사용할 수가 있습니다. 창업 시 프랜차이즈 1호점 본부를 탄생시킨다는 생각을 갖고 상호와 상표 디자인을 해야 합니다.

주택, 상가주택을 시그니처 스타일(Signature Style)로 리폼(Reform)하라!

시그니처 스타일은 시간의 흐름이나 유행과 상관없이 자신만의 상징이 되는 스타일. 내가 살고 있는 주택을 리폼해서 카페나 레스토랑으로 만들면 이색적이에요. 주택은 증축이 가능하므로 증축해서 가족이 살고, 원래 모습은 카페나 레스토랑으로 리폼하는 것이죠.

최근 들어 우리도 일본이나 유럽 같이 주택골목가(8m 도로 이상)에 카페, 레스토랑이 많이 들어서고 있어요. 오래된 상가주택을 개조하여 2층은 가정집으로 사용하고 1층의 가게를 카페나 레스토랑으로 창업을 하면 자금의 여유로움을 느낄 것이며, 임대료 없고, 권리금 없고, 내 집이라서 외장과 내장을 조금 더 투자해도 아깝지 않고, 만약 장사가 안 되면 임대를 놔도 되고, 주택가에 특색 있게 리폼하면 고객을 흡수하는 데 큰 어려움이 없어요. 동네 카페나 레스토랑은 특이하고 맛있고 값이 싸면 소문이 빨리 납니다. 그 소문이 구전으로 멀리 퍼져서 멀리 있는 손님도 찾아서 옵니다.

서울 종로구 부암동은 도심 속의 시골이죠. 아기자기한 커피숍과 특색 있는 레스토랑이 하나둘 자리 잡으면서 제2의 삼청동으로 부상하고 있어요. 이런 영향으로 인근 부동산에 따르면 5년 전만 해도 1평에 500만 원하던 것이 지금은 1,000만 원 선으로 거래되고 있다고 해요. 집값 싸고 운치 있는 곳을 찾아보면 서울에는 아직도 많아요. 누가 맥도날드처럼 먼저 깃발을 꽂아서 카페 거리를 만드느냐가 관건이죠.

지금 살고 있는 APT를 처분하고 주택, 혹은 상가주택을 매수해서 작지만 내 집에서 장사를 하면 부동산 가치도 올라갈 겁니다. 대구의 앞산 밑 대명동 주택가는 카페 거리로 명품이 되었어요. 5년 전 땅 한 평에 평균 400~500만 원하던 것이 1,000만 원이 넘게 거래되고 있어요. 필자가 10년 전 처음 창업할 때는 100% 주택뿐이었어요. 그때 100평짜리 집 한 채가 2억밖에 하지 않았어요.

서울을 비롯해 전국적으로 골목 카페가 하나, 둘씩 생기고 있습니다. 이미 서울은 서초구 서래마을, 강남 도산공원 뒤, 이태원, 용산, 강서구, 종로구 그리고 대구 앞산 밑 주택가, 부산 해운대구 서면 등. 그러나 이미 이런 곳은 집값이 비싸게 올랐어요. 오히려 집값 싸고 깨끗한 곳이 많아요. 서울 근교를 잘 찾아보세요(예, 의정부).

일본 도쿄 중심가 뒷골목의 오래된 고가주택을 개조해서 카페를 운영하는 곳이 많습니다. '코구마'라는 카페는 80년 이상 된 목조 주택을 리폼한 카페예요. 앤틱스러워 보이는 옛것을 리폼한 인테리어를 좋아하는 고객이 많습니다. 전국 어디든지 아직도 50년 이상 된 주택이 많이 있기 때문에 활용할 여지는 충분합니다. 필자는 후배에게 1층 한옥 집을 '코구마' 카페를 보고 벤치마킹을 해서 카페 인테리어 컨설팅을 해준 적이 있어요. 'Y'라는 카페인데 한옥을 그대로 살린 것이 특징이에요. 집이 특색이 있어서 손님이 늘 가게를 가득

주택을 리모델링 하는 모습

채웁니다.

경기도 판교신도시 백현동 신백현중학교 뒤편 단독주택지는 3층짜리 상가주택 100여 채가 몰려 있는 주거지인데 사람들로 북적거려요. 1층 상가에 커피 전문점, 이탈리안 레스토랑, 제과점 등이 빽빽이 들어서 있어요. 요즘 뜨고 있는 백현 카페 거리죠. 분당 신도시 정자동 카페 거리와 불과 1km 정도의 거리예요. 백현동 외에도 서판교 운종동주민센터 주변 상가주택가가 이미 이 지역의 대표적인 카페 거리가 되었어요. 이런 상가주택들은 1층에만 상가가 있어서 자연스럽게 테라스 문화가 형성되며, 노천카페가 자리를 잡았어요. 저마다 개성이 뚜렷한 단독 주택을 리폼한 것이 볼거리예요.

부산 서면 카페 거리도 원래 일반 주택가였어요. 한 집, 두 집 생기면서 카페 거리로 형성이 되었지요. 자금이 부족하면 대출을 받아서도 이 방법을 권장하고 싶어요. 월 이자가 임대료 3분의 1 수준밖에 되지 않을 거예요.

필자는 오래된 주택을 선호하고, 2층 상가주택을 좋아하지요. 그래서 다운타운을 제외하고 주택과 상가주택을 리폼해 놓으면 다른 가게와 외형건물이 차별화 돼 보입니다. 스타일리시하게 주택, 상가주택을 리폼하면 커 보이는 것이 장점이고 통(Box)자이기 때문에 오리지컬 창업과 콘셉트가 잘 맞아 떨어져요. 매수할 여건이 안 되면 임대를 해서 칩 앤 시크로 리폼하면 특색이 있는 가게가 됩니다.

돼지우리 속의 진주를 누가 발견하느냐에 따라 스타일이 있는 명품 카페나 레스토랑을 창업할 수 있을 것입니다.

임대료 비싸고 권리금 있는 곳은 피하고, 브랜드 가치를 알려라!

상권이 좋고 유동인구가 많은 곳에는 임대료가 비싸고 권리금도 높아요. 외식 창업에서 중요한 것은 임대료가 싸고, 입지가 자신이 하고자 하는 품목과 맞아야 스타일이 있는 가게를 만들어 나갈 수 있습니다. 임대료가 높으면 자동으로 원가가 상승하기 때문에 값싸고 맛있는 것을 창출하기 어려워요.

필자는 다운타운에서 '파스타민' 2호점을 운영하면서 많은 어려움을 겪었어요. 임대료가 너무 비싸기 때문에 변동경비(식자재, 인건비, 가스료, 부가세, 소득세, 기타경비 등)를 줄이는 데 엄청난 어려움이 있었어요. 권리금은 건물주인으로부터 되돌려 받을 수가 없고 본인이 장사를 못하면 어느 누구에게도 받을 수 없는 무형재산이에요. 하물며 건물이 매매되었거나 할 때는 명도를 해줄 때가 많아요. 그리고 주인이 사용한다고 명도해 달라고 내용증명서를 띄우는 주인도 있어요.

필자는 몇 년 전 황당한 일을 당했어요. 패션 디자이너를 은퇴하고 매장정리를 해야 하는데 필자가 40평형 매장에 최고급 인테리어를 해 놓았었어요. 그냥 두고 나갈 수가 없어서 주위 부동산에 권리금 얼마를 해서 가게를 내

놓았죠. 사람이 금방 나타나서 건물 주인에게 인수인계를 하려고 하는데 건물주가 하는 말이 어이가 없었어요. "임대기간 끝나면 내가 사용할 것이니 다른 사람에게 임대를 안 놓는다"라고 하였어요. 그때 임대기간이 일 년 정도가 남았는데 건물주는 필자에게 "그냥 나가라"는 것이에요. 너무 억울했지만 상대할 가치가 없는 사람인 것 같아서 그냥 나왔어요. 그런데 며칠 지나고 보니 그 건물주는 다른 사람에게 임대를 주었어요. 가게 인테리어가 고급으로 되어 있고 권리금이 없으니 임대료를 배로 올려 받아서 임대를 다시 놓았더라고요. 이런 악질 건물주도 있어요.

권리금은 영업 권리금과 시설 권리금이 있어요. 영업 권리금은 그 가게 주인의 노하우로 장사가 잘되는 집이기 때문에 권리금이 비싸죠. 비싼 권리금을 지불하고 인수해서 장사를 한다고 해서 장사가 잘된다는 보장이 없어요. 특히 오리지널 브랜드는 가게 주인의 역량에 따라 흥하느냐, 망하느냐에 달려 있기 때문에 베이비부머 같은 첫 창업자에게는 극히 위험하지요. 오리지널 브랜드로 장사가 잘되는 집은 주인이 바뀌면 단골도 바람과 함께 사라지는 수가 많아요. 손님이 많아서 권리금을 많이 주고 오리지널 브랜드를 인수했는데, 6~7개월 정도는 그 손님들이 오더라도 어느 날부터 손님이 차차 줄어드는 경우가 많아요. 이유는 주인이 바뀌었다는 것을 알았기 때문이죠.

오리지널 브랜드는 주인과 고객의 소통이 얼마나 중요한 것인가를 필자의 사례를 들어 볼게요. 필자가 잘 아는 지인이 경영하는 'O' 레스토랑을 개인 사정으로 인해 몇 년 전 가게를 매도하였어요. 그 당시 장사는 엄청 잘되었어요. 주방 3명, 홀 아르바이트 2교대 각각 3명, 총 9명이었어요. 이 가게를 인수한 사람은 베이비부머 세대입니다. 가게를 인수하기 전 나름대로 점심, 저녁 시간에 약 한 달 동안 시장조사를 많이 했던 걸로 알고 있어요. 시장조사를 많이 한다고 해서 장사를 다 잘하나요?

옛날 주인보다 지금 본인이 더 잘해야 단골손님이 사라지지 않지요. 약 3~4개월은 장사가 잘되었는데, 그 이후 주인이 바뀌었다는 것을 알고 단골손님들이 바람과 함께 사라져 버린 것이에요. 서서히 고객이 줄면서 지금은 현상 유지가 어려운 적자생존을 하고 있어요. 이 가게 권리금을 얼마나 받겠어요? 영업 권리금을 받기는 어려울 것 같고 시설 권리금을 받아야 하는데, 시설 권리금은 같은 업종이라도 얼마 받지 못합니다. 그 이유는 장사 안 되는 집 그대로 영업하면 100% 또 망해요. 그래서 다시 인테리어를 바꾸어서 새로운 모습으로 태어나야 합니다. 첫 창업은 권리금이 없는 장소를 택해야 하며, 임대료도 싼 곳을 찾아 몇 개월, 아니 일 년이 넘게 걸리더라도 발바닥에 불이 나게 찾아다녀야 합니다.

임대료도 싸고 권리금도 없는 조용한 곳에 창업을 했으니까 입지는 그리 좋은 곳이 아닙니다. 그렇다 해도 가게를 개업하면 며칠은 손님이 많을 겁니다. 주위에 모든 사람이 인사조로 찾아올 것이기 때문이죠. 일주일이 지나면 가게를 알려야 하는데 절대 신문에 전단지를 넣어 뿌리지는 말라는 겁니다. 경비만 들어가기 때문입니다. 전문점 가게는 대부분 구전으로 손님이 찾아옵니다.

필자는 다운타운 2층에 '파스타민' 2호점을 개업했을 때 일주일 동안 뜨내기손님은 전혀 올라오지 않았어요. 2층이라는 악조건 때문이었죠. 그래서 고구마케이크 무료 티켓을 가게 앞을 지나가는 사람에게 돌렸어요. 티켓을 억지로 손에 쥐어주면 1m쯤 가서 버리고 가는 사람이 대부분이었어요. 바닥에 티켓이 나뒹굴고 밟고 지나갈 때는 가슴이 터질 것 같고 눈물이 핑 돌았어요. 단속반에 걸려서 티켓을 압수당한 적도 많았어요. 그러나 100장을 뿌려서 1~2명이 고객이 되었고, 1,000장을 뿌려서 10~20명이 고객이 되었어요. 효과는 빠르게 나타났어요. 내 브랜드를 알리는 데까지는 정신적, 육체적인 투자를 해야 합니다. 일단 고객에게 주인의 열정을 보이면 가게의 브랜드 가치는 올라오게 돼 있습니다.

그렇다면 좋은 브랜드는 어떤 브랜드를 말할까요? 좋은 품질과 훌륭한 서비스가 서로 시너지 효과를 창출하는 것입니다.

2년 전 '마시로' 커피 전문점을 오리지널로 창업한 권 대표(1955년생)는 브랜드 가치를 알리기 위해서 15일 동안 현수막으로 '오픈 기념 아메리칸 커피 무료'라고 가게 앞에 크게 붙여 놓았어요. 인테리어, 분위기, 커피 맛, 가격 등을 알리기 위해서 홍보를 한 것이죠. 가게는 한 달 만에 대박이 터졌어요. 작년에 2호점 개업 때도 역시 이 방법으로 고객에게 브랜드 가치를 알렸어요. 그래서 역시 2호점도 대박을 터뜨렸어요. 권 대표가 운영하는 장소는 상권이 없는 한적한 장소인데 거리가 깨끗해서 카페의 희소가치가 돋보였어요.

스타일리시하게 브랜드 가치를 알리려면 본인이 스스로 만들어 나가야 합니다. 아무리 맛이 있고 값이 싸고, 분위기가 좋아도 일단 고객이 들어와야 내 스타일로 무장한 가게를 고객에게 자랑할 게 아니겠어요? 외식업 브랜드의 가치는 구전으로, 소문이 만들어지는 것이므로 뿌린 대로 거둡니다. 그러므로 발바닥에 물집이 생기고 신발이 닳도록 가게 앞에서 명함 크기만 한 티켓을 직접 고객 손에 쥐어주세요.

미국의 3대 대통령이자 정치 철학자로, 1776년 미국의 독립 선언문을 기초한 것으로 유명한 제퍼슨은 "오늘 할 수 있는 일을 미루지 마라. 자신이 할 수 있는 일을 남에게 시키지 말라"고 했습니다.

메뉴판을 내 가게의 콘셉트에 맞게 입혀라!

요리의 종류와 가격을 알려주는 '메뉴'란, '말을 상세히 기록한다'라는 뜻의 라틴어 Minutus에서 유래했으며, 1498년 프랑스 어느 귀족의 아이디어라고 전해지고 있어요. 왕궁의 주방장이나 요리사가 성찬에 여러 가지 요리를 제공하기 위해 쓰인 소개서였던 식당표가 점차 변형되어 레스토랑에서 요리 종류와 가격을 알리는 메뉴판이 되었어요.

이제 메뉴판도 가지각색의 디자인으로 고객을 유혹하고 있어요. 한 장으로 된 메뉴판도 고객에게 어필되고 사랑받는 메뉴판이 되어야 해요. 메뉴판 이미지에 따라 그 집의 세심한 것이 묻어나고 주인의 열정이 보이지요. 메뉴판 글씨 밑에는 반드시 영문으로 표기해야 합니다. 지금은 글로벌 시대라서 맛있고 분위기 좋다고 소문나면 외국인도 많이 찾아옵니다. 필자가 운영했던 카페와 레스토랑에는 외국인이 많이 왔어요.

과거 직업이 패션 디자이너라서 그런지 필자는 메뉴판 표지에 유명한 모델을 이미지로 해서 상호와 상표를 넣었어요. 메뉴판 안에도 역시 패션모델을 흐릿하게 바닥에 깔고 메뉴와 가격표를 작성했어요. 이 집 주인이 패션 디자이너라는 것을 간접적으로 알렸던 것이에요.

전문점 메뉴판은 심플해야 한 눈에 다 들어올 수 있어요. 가격 대비도 잘 되고요. 메뉴를 선택할 때도 망설임이 적어요. '단테'라는 카페가 있는데, 이 주인은 이탈리아 피렌체에서 10년간 유학생활 마치고 단테와 피렌체를 못 잊어서 메뉴판 표지에는 단테를 베이스로 깔고 속지에는 피렌체 사진을 넣어 메뉴를 표시했어요. 이태리에서 철학공부를 했다고 하는데, 이 카페는 주인의 이미지가 녹아나는 것 같았어요. 테이블 위에 재미있어 보이는 글도 좋아요. '파스타민'에는 주차공간이 없어요. 메뉴판 뒷장에 '주차해드립니다'라고 크게 잘 보이게 써 놓았어요.

지난 2012년 초가을 점심때 광주 '유스퀘어'라는 복합공간에서 파스타를 먹었어요. 2인 테이블이 8개뿐인 아담한 곳이었어요. 포크를 세팅하면서 내미는 페이퍼를 보니 재미있는 글이 눈에 들어 왔어요. '남은 음식 포장해드립니다. 음식이 식으면 데워드립니다. 휴대폰 충전해드립니다. 여성분을 위한 무릎 덮개가 준비되어 있습니다. 손 세정제가 준비되어 있습니다. 머리끈 준비되어 있습니다.' 우리들은 식은 음식을 데워달라고 하기가 어려운데 이 글을 보고 용기를 내어서 요구할 수 있고, 남은 음식 싸달라고 하면 부끄러운데 이 가게에서 먼저 싸주겠다고 하니 이 얼마나 고마운가요. 머리카락이 긴 여성들은 파스타를 먹으면서 머리가 닿을 수 있는데 머리끈이 필요할 수 있어요. 지금 미니스커트가 유행인데 앉았을 때 불편함이 없도록 무릎 덮개를 준비한 주인의 세심함이 묻어있어요.

비록 사소한 것들이지만 스타일이 묻어나는 가게는 고객에게 배려하는 마음이 메뉴판에 담겨져 있어요. 고객은 큰 것에서 감동이 오는 것이 아니고 작은 메뉴판 하나에도 감동을 받을 수 있어요. 커피 전문점이나 카페에는 메뉴

 베이비부머, 스타일 모르고 외식 창업 절대로 하지 마라

스타일리시한 메뉴판을 만들려면?

- 비싼 것으로 하지 마세요 : 메뉴판은 자주 바꾸어야 하기 때문입니다.
- 큰 책같이 보이게 하지 마세요 : 패밀리레스토랑이 아니고 전문점이에요.
- 심플한 디자인으로 하세요 : 메뉴 사진을 넣지 마세요. 조잡스러워 보입니다.
- 주인 인사말 넣어주면 고객이 더 신뢰할 수 있어요 : 예를 들면 저희 업소
  는 방부제를 쓰지 않습니다. 조미료를 쓰지 않습니다. 식자재는 매일 신선
  한 것이 들어옵니다.

판이 바텐 위에나 바텐 뒤에 붙어져 있는 곳이 많아요. 벽보드 메뉴판에 있는 글씨체를 굵게, 크게, 잘 보이게 하는 것도 고객에게 대한 서비스입니다. 시력이 좋지 못한 고객들도 잘 보일 수 있도록 세심한 배려도 필요하지요. 메뉴판을 잘 만들어서 고객에게 사랑받는 가게가 있다는 것을 명심하세요.

 베이비부머, 스타일 모르고 외식 창업 절대로 하지 마라

올바른 관점(Viewpoint)을 찾아라!

지난 2009년 4월 미국에 있는 친형제와 같은 디자이너 선배에게 갔었죠. LA에서 패션업을 하고 있어요. 전세계에 OEM방식으로 제조, 유통을 하고 있는 분입니다. 약 한 달간 머물면서 서부여행을 하였어요. 하루는 샌프란시스코에 있는 금문교를 보러갔죠. 선배는 금문교를 가장 잘 볼 수 있는 곳을 알고 있었어요. 선배 차를 타고 반대편 해안에 있는 언덕에 올라갔었어요. 언덕 중턱에 올라서 금문교를 바라보니 다리가 마치 필자의 얼굴 앞에 다가와 마주치는 것 같았어요. 또 언덕 윗부분에서 금문교를 바라보니, 다리가 중앙에 놓이고 태평양 바닷물이 드나드는 양쪽 해변이 시원하게 펼쳐져 보였어요. 마지막으로 언덕의 제일 높은 곳까지 올라갔어요. 샌프란시스코 전경이 한 장의 사진같이 내 눈에 들어오면서 다리와 해안과 다운타운이 매우 아름답게 펼쳐져 보였어요. 우리가 어느 지점에서 바라보느냐에 따라 무엇이 보이느냐가 결정되는 것 같았어요. 이렇듯 아무리 좋은 것을 보려고 해도 나의 관점에 따라 무엇이 보이느냐가 결정된다는 사실입니다. 아마 나의 관점(Viewpoint)이 잘못되어 있다면 그것을 볼 수 없을 것입니다.

예비 외식 창업자는 똑같은 사물을 보지만 생각하는 차이가 많이 나죠. 직장생활하면서 잘되는 레스토랑이나 커피 전문점을 보면서 나도 창업하면 되겠구나 하는 막무가내식 생각을 하게 되거든요. 안 되는 식당을 보면서 그 이유를 찾으려고 하지 않고 내가 하면 잘된다는 관점을 가지고 콘셉트를 맞추게 돼요. 그래서 외식업 창업이 우후죽순 생기는 거지요. 관점이 부족하면 자기 잣대를 들이대면서 창업이 우선이고 생계수단은 차선으로 흘러가버리고 말아요. 망하는 이유는 생계수단이 우선인데 오픈에 정신이 없어서 빨리 개업하면 자신은 성공할 수 있다는 생각만 하게 되어요. 다시 말해서 원하는(Want) 것과 필요(Need)로 하는 것을 구별하지 못해요. 창업은 성공이 최선이에요. 필요한 것의 플랜을 그려놓고 그 다음 원하는 것을 해야 순서가 맞죠. 외식업을 보는 관점을 확보하려면 발품을 팔아야 합니다. 서두르지 않고, 내가 무엇을 좋아하고, 지금 트렌드는 무엇이고, 앞으로의 트렌드는 어떻게 전개된다는 것을 발바닥에 불이 나게 뛰어다녀야 해요. 그래서 자신의 관점을 찾아내는 것이죠.

교통량은 많으나 접근성이 좋지 못하여 10개월 만에 망했던 레스토랑도 있어요. '일꾸오레' 이탈리안 레스토랑은 순환도로 옆에 창업을 하였어요. 지나가는 차들은 많지만 속도가 빨라서 스쳐지나가는 자리죠. 그러나 가게 안에서 밖을 볼 때는 경치가 멋있어서 사계절을 만끽할 수 있는 위치죠. 이 가게 주인은 접근성은 고려하지 않고 오로지 뷰 하나만 본 것이예요. 관점의 차이가 이렇게 커요. 흥하고 망하는 것이 관점의 차이에요.

10평의 자그마한 곳에서 커피 전문점을 시작하여 전국구 프랜차이즈로 성공한 '다빈치커피' 정상형 대표와는 친분이 있는 사이죠. 정 대표는 신촌에 있는 스타벅스를 보고 관점이 확 바뀐 주인공이에요. 손님이 줄을 서서 기다리면서 테이크아웃을 하는 것을 보고, 하루 종일 거기에서 살았다고 해요. 아침부터 저녁까지 자기의 관점에 무엇이 보일 때까지 얼마 동안 살았다고 했어요. 지금 정 대표는 직영점 14개, 가맹점 95개가 넘는 중견 기업가가 되었어요.

정 대표의 관점은 열정적이면서 긍정적이었어요. 스타벅스에 매일 출근하다시피하면서 보지도 듣지도 못한 메뉴들을 사먹으면서 스타벅스를 벤치마킹했던 것이죠. 정 대표의 관점은 스타벅스를 다 읽을 수 있는 부지런함이 있었어요. 그리고 그것을 캐치하려고 하는 피나는 노력이 있었고요. 스타일이 있는 관점을 찾으려면 우리는 어느 지점에서 어떤 생각을 갖고 바라보면서 노력하느냐가 중요합니다.

에디슨은 "천재는 1퍼센트의 영감과 99퍼센트의 노력으로 이루어진다"라고 했습니다. 가게 입지를 보는 것도 본인의 관점에서 결정될 수 있으니 심사숙고해야 합니다. 대로 뒷골목의 가게를 보더라도 나의 업종과 맞으면 매력이 넘치는 가게를 창업할 수 있어요. 이것이 바로 스타일이 있는 관점이에요.

트렌드(Trend)를 알아라!

옛말에 '고기도 먹어 본 사람이 많이 잘 먹는다' 라는 말이 있죠. 많이 먹어 본 사람이 맛을 아는 것처럼 모든 것이 지식과 경험에서 오는 것입니다. 창업을 앞둔 예비 외식업자는 영업이 잘 되는 가게를 연구하고, 영업이 안 되는 가게도 연구해야 합니다. 연구는 어떻게 해야 하나? 그 가게에 몇 번 가서 커피도 마셔 보고, 식사도 해보면서 이래서 잘되고 이러니까 안 된다는 것을 읽을 수 있어야 합니다. 차가 다닐 수 없는 골목 안이라도 잘 되는 가게가 있어요. 이런 가게는 연구 대상이죠. 그러나 이런 가게를 벤치마킹하면 100% 깡통 찹니다. 대로가에서도 외식업이 어려운데 골목 안에서 잘되는 것은 역사와 전통이 있어서 단골, 충성, 열정 고객들과 함께 50~60년 이상 함께한 가게입니다.

좁은 골목 안에 위치한 '대동면옥'의 역사가 60년이 넘습니다. 우리나라에서 최고의 맛을 내는 가게이고 값이 싼 편도 아닌데 점심때는 줄을 서서 기다리는 집이에요. 이런 집이 바로 열정, 충성, 단골손님으로 수십 년 이상 된 명소입니다. 이 집을 보고 시장조사해서 냉면집을 창업하여 망했던 가게들이 수 없이 많아요. "골목 안에도 장사가 잘 되는데 입지가 좋으면 더 잘 되겠지" 하면서 너도나도 창업하여 망한 것이죠.

필자는 출퇴근하면서 집 근처에 잔치국수 2,900원, 칼국수 2,900원이란 가격을 크게 써 붙인 '25시 국수' 현수막과 간판을 매일 봐요. '우물 안 개구리가 여기도 있구나' 하는 안타까운 생각이 들어요. 이 가게 주인 역시 장사를 쉽게 생각하고 시대의 변화를 읽지 못하고 만만한 국수집을 창업한 것이죠. 국수 한 그릇 다 남아도 2,900원인데, 2,900원짜리 팔아서 수입 창출을 하려면 하루 종일 손님들로 북적거려야 합니다. 박리다매로 영업을 해야 하는 집인데 너무 조용해요. 몇 개월이 지났는데 국수 먹는 사람이 뜨문뜨문 보여요. 국수는 이제 서민음식으로 중년 이상이 먹는 음식이에요. 옛날 가난한 시절에 외식을 할 때 값싸고 배부르게 먹을 수 있는 것이 국수죠. 이제는 생활수준이 높아져서 일반 국수를 찾는 고객이 많이 줄어들었어요. 국수집이 몰려있는 곳은 전국 어느 곳이나 비슷하지요. 재래시장 안 노점상에 국수집이 몰려 있어요. '25시 국수집'은 트렌드를 읽지 못하고 막무가내식 창업을 한 것입니다.

지금 외식업 중 사라지는 업종을 잘 관찰해야 실패를 하지 않아요. 이 위치는 국수 전문점 자리보다는 타깃을 젊은 층에 맞추어 서양 선술집, 아니면

이자카야를 창업하면 승률이 높아요. 주위에 APT 1,000세대와 다주택세대들이 많이 모여 사는 곳이며, 가게가 크고 앞마당 주차장이 넓어서 주차장을 반으로 줄이고 테라스를 크게 하여 스타일이 있게 칩 앤 시크로 무장하면 승률이 높을 것으로 보입니다. 이 가게의 장점은 독립적인 단층 상가이므로 파벽 외장이나 노출 콘크리트기법으로 실내외장으로 무장을 하고, 테라스를 넓게 꾸미고, 경쾌한 음악을 틀어놓고 생맥주 전문점으로 하면 성공 확률이 아주 높은 곳입니다. 필자가 강조하는 것이 바로 유럽식 선술집인데, 닭요리 한 종류로만 해서 맛있고 저렴하게 칩 앤 시크로 무장하여 젊은 사람들을 타깃으로 콘셉트를 잡으면 이 위치에서 소문난 선술집으로 만들 수 있습니다.

'귀한 것을 가진 사람이 귀한 것을 알아본다.'

'돼지가 진주의 가치를 알 리가 없다.'

이 가게의 위치는 서양식 선술집 위치로서는 최고의 입지입니다. 아는 만큼 보인다고 외식업에 대한 지식을 알고 창업을 해야 합니다.

톨스토이는 "무지한 자에게는 인생이 길다"라고 했습니다. 새겨들을 말이죠.

한동안 패밀리 뷔페식당이 유행이었죠. 어디에 가더라도 뷔페식당이었어요. 지금은 예식장만이 뷔페식당이 있고 거의 사라진 형태죠. 학교 후배는 일본 회전스시가게를 창업하여 3년 만에 큰돈을 벌어서 A급 길목 자리에 약 300평 크기의 일식, 양식, 중식, 한식 토털 뷔페식당을 창업했어요. 그러나 2년 장사를 하고 영업이 잘 되지 않아서 약 5억 정도를 손해보고 가게를 넘겼어요. 왜 장사가 되지 않았을까? 이유는 간단합니다. 뷔페음식은 가짓수는 많고 맛있는 것이 없어요. 전문성이 없는 콘셉트죠. 이제는 국민소득이 높아져서 여러 가지를 배부르게 먹는 시대는 지나갔어요. 그래서 일반 고객들에게 외면을 당한 것이죠. 지금 뷔페식당을 보면 ☆☆웨딩뷔페라고 되어 있어요. 결혼식이 끝나고 간단히 식사하는 것으로 바뀌어나가고 있죠. 이 후배는 독창성 없이 퇴보되어가는 업종을 선택했기 때문이죠. 만약 예식할 장소가 있어 ☆☆웨딩뷔페를 했으면 실패하지 않았겠지요. 외식 창업은 성숙기와 쇠퇴기를 잘 관찰해야 합니다. 아는 만큼 보인다고 이 후배는 시장조사를 철저히 하지 않고 쇠퇴기에 접어 든 품목을 해서 실패한 사례입니다.

서울 홍대거리 골목 안에 있는 카페 '네프' 대표 S씨는 창업하면서 의자 등 가구 구입에서 바가지를 썼다고 하고, 큰 비용을 들여서 수입음반 100여 장도 샀다고 합니다. S 대표는 또 창업 시 인테리어 견적서를 한 군데에서만 받고, 그 한 군데만을 믿고 공사를 했다고 합니다. 처음부터 뭔가 잘못된 것이죠. 또한 그가 말하기를 "카페 주인은 커피, 와인, 음악을 다 알아야 된다는 것을 뒤늦게 알았다"고 하네요. 창업을 하려면 최소한 음악은 컴퓨터에서 다운받아서 고객들이 원하는 음악을 언제든지 들을 수 있다는 점과 채널이 수십 개나 되는 케이블 전문음악방송 정도는 활용할 줄 알았어야 하는데, 그것도 몰랐나봅니다. 그리고 더 중요한 것은 카페를 창업하면서 사전에 바리스타 교육도 받지 않았다고 합니다. 와인 스쿨에서 며칠만 레슨을 받으면 되는 것인데도 S 대표는 아무런 준비도 없이 막무가내식 창업을 했던 것이죠. 게다가 부동산을 돌며 가게를 물색하다가 단 하루 만에 마지막 찾은 부동산 중개업소의 말에 귀가 솔깃해서 계약을 했다고 해요. 몇 달, 몇 년을 시장조사해서도 좋은 가게 구하기가 어려운데 부동산 중개업자의 말만 듣고 덜컹 카페를 시작한 것이죠. 그런 S 대표가 과연 창업해서도 운영을 잘할까요? 얼마가지 못해서 폐업했습니다.

필자가 재차 강조하지만 부동산 중개업소의 말은 참고로만 해야지금천구 가산동에 있는 '커피예술' 카페 주인은 7년을 다른 카페에서 일을 하며 준비해오면서 입지를 5년 동안 알아봤다고 합니다. 장소가 마음에 들 때까지 보고, 기다리고, 주위사람들에게 추천도 받고 해서 5년 동안 기다려서 창업을 했어요. 아는 만큼 보이기 때문에 심사숙고한 것입니다. 앞의 S 대표와는 확연히 대비되는 모습입니다.

중국 명나라 말기의 환초도인(還初道人) 홍자성(洪自誠)의 《채근담》 속에 "먼저 핀 꽃은 먼저 진다. 남보다 먼저 공을 세우려고 조급히 서둘지 말라. 사업의 생명이 오래 유지되려면 준비기간도 그만큼 길어야 한다"라고 했습니다.

차별화된 스타일을 제공하라!

내 가게를 차별화하려면 그곳에서만 느낄 수 있는 오리지널 희소가치가 필요해요. 특히 오리지널 창업자만이 누릴 수 있는 권한이기도 하죠. 나만의 색깔이 있는 곳으로 만들어야 생존할 수가 있어요. 이곳에서만 느낄 수 있는 뭔가가 있어야 차별화된 모습을 보여주는 것이죠.

최근 외식업체(치킨, 고깃집, 분식집)들이 차별화를 주기 위해서 카페 풍으로 인테리어를 고급화되어가는 추세예요. 갈비탕집도 카페 같은 분위기로 가고 있어요.

판교역 부근에 있는 '두둑 26' 갈비탕 전문점은 인테리어는 카페와 비슷한 분위기예요. 다른 갈비탕집과 차별화된 것은 일반 갈비탕집과 다르게 편안함과 깨끗함 그리고 청결하게 느껴진다는 것이에요. 맛은 보통인데 느낌에 깔끔한 맛으로 느껴지는 것 같고, 값도 비싼 편이 아니었어요.

'파스타민'에는 여기에서만 맛볼 수 있는 맛이 있어요. 올리브 스파게티는 향이 맛있는 된장 냄새가 풍기는 듯하면서 약간의 매운맛을 느끼는 것이 특징이고, 크림소스로 된 스파게티는 다른 업소에서는 느끼한 맛이 조금 풍기는

데 여기에서는 고소한 맛이 나기 때문에 먹으면 먹을수록 고소해요. 마늘빵을 크림소스에 같이 곁들여 먹어도 별미죠. 토마토소스에서 나오는 스파게티의 뒷맛은 생토마토를 금방 먹는 느낌이 들어요. 실내 인테리어는 천장이 높아서 훤하고, 그만큼 공기가 깨끗해서 좋아요. 손님이 식사 후 만족스러운 표정을 짓는 것을 읽을 수가 있습니다. 이유는 값싸고, 맛있고, 분위기가 좋아서 그렇다고 해요.

오리지널 창업은 차별화된 칩 앤 시크한 콘셉트입니다. 차별화된 미국 레스토랑을 소개할까요? 2008년 8월 9일 〈USA투데이〉는 산타모니카에서 '파더스 오피스'(Father's Office)라는 음식점을 운영하고 있는 윤상 씨(38)를 소개했어요. 한국 태생의 윤씨는 유럽과 미국의 유명 레스토랑과 요리사들에게 조리법을 배우며 엘리트 요리사의 길을 걸어왔어요. 하지만 그가 택한 길은 유명 레스토랑의 요리사가 아닌 산타모니카의 허름한 음식점을 인수한 것.

"2000년 오토바이족들이 즐겨 찾는 레스토랑을 인수했어요. 모두들 미쳤다고 했지요. 하지만 고급 레스토랑에는 흥미를 느끼지 못했어요. 너무 많이 봐왔으니까요."

윤씨는 '파더스 오피스'에 유럽의 캐주얼한 '바(Bar)' 문화를 도입했어요. 파더스 오피스는 세계적인 수준의 맥주와 고급 음식들을 캐주얼하게 먹을 수 있는 장소로 소문이 나면서 산타모니카 지역의 명소로 떠오르게 됐어요. 스티븐 스필버그, 브룩실즈 등 할리우드 명사들도 파더스 오피스에서 음식을 먹는 장면들이 자주 목격되었으니까요. 하지만 스타요리사가 되기 위해서는 요리만 잘해서는 안 돼요. 윤씨는 요리사로서 재능과 함께 비즈니스 능력도 뛰어나다는 게 업계의 평가였어요. 컬비시티 시청 인근 베니스 길에 2호점을 오픈한 윤씨는 울프강 퍽과 같은 유명 요리사들처럼 이름을 브

 베이비부머, 스타일 모르고 외식 창업 절대로 하지 마라

랜드화하는 전략을 연구중이라고 해요. 요리책을 쓰고 있는 그는 TV의 요리 쇼 프로그램의 호스트 섭외도 들어오고 있어요. 게다가 사업수단도 뛰어나다고 해요. 그가 내놓은 12달러짜리 고급 버거가 인기를 얻자 다른 유명 레스토랑들도 하나둘씩 고급 버거를 메뉴에 넣기 시작했거든요. 하지만 그의 버거는 다른 레스토랑과 다르다고 해요. 절대 손님들의 기호에 맞게 버거에 들어가는 내용물들이 바뀌는 일이 없다는 거예요. 손님들은 그냥 "요리사가 주는 대로 먹어야 한다"고 합니다. 그래서 그의 별명은 '버거 나찌'(Burger Nazi)라고 해요. 다른 고급 레스토랑에 비해 질 좋은 음식을 싸게 내놓는 것도 그의 성공비결이죠. 30달러짜리 생선요리를 그의 음식점에서는 17달러에 맛을 볼 수 있어요. 60여 명의 파더스 오피스 직원들 사이에서도 그는 '완벽주의자'로 통하고 있어요. 윤씨는 "더 좋고, 빠르고, 깨끗하면서도 비용을 절감할 수 있는 요리공간을 만들기 위해 쉼 없이 고민한다"고 말했어요. 윤씨의 파더스 오피스와 같은 캐주얼 레스토랑의 인기는 시대변화와도 관계가 있어요.

미국요리학교(CIA)의 빌 길포일 교수는 "요식산업이 캐주얼화되고 있다"며 "수준 높은 음식들을 편안하게 먹을 수 있는 콘셉트가 유행"이라고 했어요.

지금 일본에서는 이자카야(선술집)가 캐주얼 대중음식으로 사랑받고 있어요. 왜냐면 값이 싸고 맛이 일품이에요. 맛이 일품인 이유는 장인의 오너 셰프들이 요리를 하기 때문이죠.

스타일 있는 차별화는 본인이 스스로 만들어 나가야 해요. 가까운 일본에 가면 작은 가게의 대부분이 오픈 주방이에요 그곳에서 어떻게 요리를 하는가, 어떤 맛이 고객에게 사랑받는가를 직접 보고 연구 개발해야 차별화를 만들어 갈 수 있어요. 큐슈, 후쿠오카 선박을 이용하여 3박 4일 정도 푸드 투어를 해도 경비가 제주도 여행과 비슷하니 외식 창이제 한국에도 미식가가 모이는 작은 가게는 오픈 주방이 많아요. 연구 개발하기 위해서는 많이 다니세요. 억지로 일을 하지 마세요. 열정 없이는 절대 스타일 있는 차별화를 만들어 낼 수 없습니다. 이 책에서 외치는 것이 처음부터 끝까지 '스타일 없이 외식 창업을 하지 마라'입니다.

 베이비부머, 스타일 모르고 외식 창업 절대로 하지 마라

명품 장사꾼이 되어라!

브랜드는 광고와 PR을 통하여 가치가 올라가지만 명품은 장인정신과 미션 (Mission)이 있어야 합니다. 순박한 마음에서 고객을 대할 때 명품 장사꾼이 되는 첫 걸음마입니다. 외식 창업 시장은 20대~40대보다는 중년 나이에 '조기명퇴'라는 시대상황에 어쩔 수 없이 처했던 베이비부머들의 신규 외식 창업 시장 진입이 거세게 불어오고 있어요. 우리는 편안하게, 쉽게 밥장사나 커피장사, 술장사를 창업하지요. 쉬우면서도 어려운 것이 외식업이에요. 10년 전만 해도 기술 없이 창업할 수 있었던 것이 외식업이었죠. 특히 베이비부머의 창업은 더욱더 어려워요. 수십 년간 직장 생활만 했지 장사에는 백지죠. 쉽게 말해서 장사꾼이 아닌 것이죠. 지금 불경기에 장사꾼도 장사하기 어려운데 경험이 없는 베이비부머들이 외식업을 창업하려고 덤비는 것은 자칫 자살 행위일 수도 있어요. 그러나 장사꾼보다 더 장사를 잘 할 수도 있어요.

베이비부머는 장사에 때가 묻지 않고 깨끗하고 순박하죠. 오히려 깨끗하고 때 묻지 않는 주인을 고객이 좋아해요. 필자는 대구를 대표하는 패션 디자이너였어요. 그러나 첫 외식업에서 장사꾼은 되지 못했어요. 이유는 '내가 누군데'라는 교만함과 그 품종에 마니아가 되지 못했고, 그 품종에 마니아가 되기 위해서는 연구개발을 하면서 미쳐야 하는데 디자인하면서 고객관리를 해야 하고 카페의 메뉴도 연구개발 해야 했기 때문에 첫 창업은 럭셔리했지만 크게 성공하지는 못했어요.

외식업체에 순박한 장사꾼 두 사람이 있어요. 《월향본색》의 저자 이여영 '월향' 막걸리 대표는 한국 최고 명문대학교 S대를 졸업하고 한국 최고의 일간지 〈J일보〉 기자생활을 하다가 2008년 촛불집회 당시 소속 언론사의 보도 태도를 비판했다가 해고됐어요. 기자시절 알게 된 소규모 막걸리 제조업자들의 고충을 듣다가 자신이 직접 유기농 막걸리 전문점 '월향'을 창업하게 되었죠. 예전엔 생각에도 없던 그가 장사꾼이 된 후 외식업체에 대한 통념과 상식을 깨는 접근법으로 성공을 했어요. 그 이유는 장사에 때가 묻지 않고 깨끗한 장사꾼이 되었던 것이에요. 막걸리 집은 옛날에 대폿집이라고 했어요. 대폿집 마담이 지금 세상을 무섭게 변화시키고 있는 셈이죠. 대폿집 마담이 외식업체에 신선한 바람을 불러오고 있는 이유는 유기농 막걸리의 구색이 많아서 다른 가게와 차별화시킨 거죠. 30대 초반 여성이 대폿집 주인이 되어서 한국의 막걸리를 일본으로 진출도 시켰어요. 이 대표는 철저한 명품 장사꾼이 된 거예요.

'민들레 영토' 지승룡 대표도 명문대학교 Y대학 신학대학원을 졸업해서 목사가 되었지요. 1995년 노점상으로 모은 돈 2,000만 원을 가지고 민들레 영토를 만든 것이죠. 지승룡 대표는 원래 직업은 기독교 목사였어요. 깨끗하고 순박한 마음을 가지고 창업하여 성공한 케이스예요. 카페는 옛날에는 다방이라고 했죠. 지승룡 대표는 다방 마담이 되고 지독한 장사꾼이 되어서 성

 베이비부머, 스타일 모르고 외식 창업 절대로 하지 마라

공하였어요.

　장사에 경험이 없어도 깨끗한 마음을 갖고 장사를 하면 고객에게 더 신뢰를 받을 수 있어요. 남이 장사하듯이 따라하는 장사꾼이 아니라 스타일이 있는 나만의 스타일리시한 방법으로 장사꾼이 되면 성공할 수 있어요.

　맥도날드 창업주 레이 크록은 종이컵과 멀티믹스 외판으로 생활하면서 54세에 맥도날드를 창업하여 명품 장사꾼으로 태어났어요. 그 이유는 명품 장사꾼이 되겠다는 비전이 있었기 때문입니다. 창업 후 자본도 인맥도 없던 그는 엄청난 어려움 속에서도 햄버거를 잘 팔았고, 스토리텔링으로 고객을 매료시켜 명품 장사꾼을 넘어 세계 최고의 브랜드를 탄생시켰어요.

　필자는 이 책을 누구나 읽고 나면 현장에 바로 적용하여 스타일리시한 명품 장사꾼이 될 수 있다고 확신합니다.

스타일 있는 명품 장사꾼이 되려면?

- 진솔하고 겸손한 자세가 고객에게 믿음을 줍니다.
- 가슴이 뭉클하게 느끼도록 서비스하세요.
- 고객이 클레임(Claim)을 제기할 경우 변명하지 말고 "제 실수였습니다"라고 인정하세요.
- 고객이 무엇을 자랑할 때 "정말 잘 하셨습니다. 축하 합니다"라고 진지하게 표현하세요.
- 유머와 위트가 중요해요(고객의 마음을 사로잡을 수 있어요. 맥아더 장군의 기도문 중에 "제 자녀에게 남을 사랑하는 마음과 유머를 알게 하시고……"라는 기도가 있듯이 세상 살아가는 데 유머가 얼마나 중요한가를 볼 수 있어요).
- 절대 자기자랑 하지 마세요(자식, 가족, 본인의 과거).
- 미소는 사람들을 끌어당기는 자석과 같으니 생활화하세요.

로맨틱하게 생각하지 마라!

서울의 삼청동거리, 홍대거리, 신사동 가로수길, 압구정동 로데오거리, 부산 달맞이길, 서면 카페 거리, 인천 구월동 로데오거리, 대구 수성못 앞산 카페 거리, 분당 정자동 거리는 우리들을 유혹하는 카페 거리지요. 여기에 있는 카페들은 각자 제각기 자태를 드러내면서 고객들을 유혹하고 있어요.

대한민국은 지금 '커피전쟁'이 시작되었어요. 이 전쟁은 지구가 멸망하지 않는 한 그 열기는 식지 않아요. 이제는 대로 뒤편 동네골목까지 커피 향이 날리고 있어요. 특히 베이비부머들에겐 관심의 초점이지요. 그 이유는 노동력 대비 부가가치가 높기 때문입니다. 커피전쟁에 아직 승률이 있다고 보는 것은 식생활이 우리와 비슷한 일본에 비해 60% 수준에 머물고 있어요. 물을 제외한다면 전세계 사람들이 가장 많이 마시는 음료가 바로 커피입니다. 무려 1년에 4조 잔 이상의 분량입니다. 게다가 커피 소비량은 해마다 늘어나는 추세입니다. 미국 수입품 중에 석유 다음으로 큰 규모입니다. 이런 추세를 보면 카페는 아직까지 희망적이에요.

여유가 있는 베이비부머는 대형 프랜차이즈를 창업할 수 있으나 자

카페에 고객이 어느 정도 앉아있는 모습을 보면 카페가 멋있게 보이는데 손님이 없는 한적한 가게를 보면 서글퍼 보여요.

50대 바리스타가 커피를 추출하는 모습이 멋있게 보일 것 같은 추상적인 생각에 빠지기 쉬운데 과연 멋있게 보일까요? 거의가 서글프게 보일 거예요. 그 이유는 '옷이 사람을 만든다'는 필자의 철학이 있어요. 반드시 바리스타는 옷차림을 차별화시켜 입고, 머리부터 발끝까지 이탈리안 냄새가 나야 해요. 그래서 이 가게는 나이가 많은 최고의 바리스타가 커피를 추출해준다는 메시지를 심어줘야 해요. 남이 어떤 인테리어를 잘해서 영업이 잘된다고 해도 따라하지 마세요. 서툴게 따라하다가는 '반풍수 집안 망친다'라는 말이 있듯이 실패율이 높아요.

낭만적인 생각에 계명대 입구에 카페 '베니'라는 이름을 달고, 인테리어도 카페베네와 비슷하게 오픈하였습니다. 그러나 안타깝게도 5개월 후 폐업을 하고 말았어요.

카피(COPY)는 그것보다 더 잘 해야 빛을 볼 수 있어요. 북카페, 미술카페, 패션카페, 사진카페 등을 카피하지 말고 디저트 메뉴를 개발해야 해요. 지금 카페 주인은 거의가 생계형이죠. 그러나 각박한 생활을 탈출하고 싶은 낭만파도 있어요. 이들은 향기로운 커피와 추억이 담긴 음악을 들으면서 장사도 하고 자기가 좋아하는 일을 하고 싶어 합니다. 그러나 경쟁이 치열한 커피전쟁 속에서 이들은 거의 깡통을 차요. 커피 전문가도 요즘 어렵다고 야단인데 낭만파는 설 자리가 더 없어요.

모 일간지가 소개한 기사가 있어요. J씨는 2008년 초 카페 '리앤카기봉'을 홍대거리에 열었다가 일 년 반 뒤 문을 닫았다고 합니다. 프리랜스 카피라이트였던 J씨는 "글 쓰는 이들이 와서 눈치 안 보고 작업하는 곳이 있었으면 좋겠다"고 생각했다고 해요. 자신도 그 틈에서 커피 한 잔 마시고 좋아하는 음악을 듣고 여유를 즐기고 싶었고요. J씨의 착각이었죠. 투자했던 자금으로 평생 동안 분위기 좋은 곳에서 책을 보고, 음악을 들으면서 즐기고자 했어요. J씨는 좋은 카페에서 즐기면서 자기가 좋아하는 것을 할 수 있다는 낭만적인 생각이 가득 차 있었던 거예요. 그러나 같은 업에 종사하는 사람이 와서 커피를 마시고 음악을 듣고 즐기지 않아요.

필자 역시 테마카페 'Fashion & Passion' 오픈 당시를 생각해보면, 개업 때는 같은 업에 종사하는 사람이 와보고는 그 이후 거의 오지 않았어요. 이유는 질투도 나고 그 사람의 사생활을 필자에게 보여주고 싶지 않아서 그런 것 같아요.

'커피 뽁는 곰 다방'은 홍대 골목에서 10평 정도 되는 찌그러진 집에서 약 3년간 장사를 잘 해왔어요. 2년 전부터는 이런 아날로그 집이 점점 사라지고 있어요. 이 가게의 P씨는 빠르게 변하는 트렌드를 읽지 못하고 낭만적인 생각으로 낡은 LP판을 틀면서 커피를 팔려고 버티다가 얼마 전 문을 닫았어요.

필자가 강조하고 싶은 것이 있어요. 카페는 20평이 넘어야 승률이 있어요. 이제는 자그마한 카페에는 고객이 답답함을 느껴요. 그러나 전문 음식점은 크기와 관계가 없어요. 원초적인 것은 값싸고 맛이 있으면 크기와 관계가 없죠. 그러나 스타일 있는 카페는 20평 이상 분위기 좋고, 시원하고, 대화하기 좋은 곳이라야 승률이 있어요.

절대 낭만적인 생각으로 카페를 창업하지 마세요. 카페 사업은 전쟁
입니다. 싸워서 무조건 이겨야 합니다.

경쟁업체를 의식 말고
트렌드에 강한 가게를 만들어라!

앞이나 옆이나 주위의 경쟁업체를 앞서기 위해서 무리한 투자나 출혈이 심한 가격경쟁을 하지 마세요. 나의 가게를 평가해주는 것은 경쟁업체가 아니고 고객입니다. 고객에게 정성을 다하여 맛과 서비스, 친절, 스타일이 있는 영업을 하면 주위 경쟁업체에 집착하려는 유혹이 없어져요. 경쟁한다고 가격파괴했다가는 깡통 찰 수가 있어요. 가격파괴를 하면 자연히 품질이 낮아질 수밖에 없어요. 고객은 제값 주고 퀄리티 높은 것을 먹고 싶어 합니다. 대기업이면 20% 가격을 내리고 20% 이상 품질을 높일 수 있어요. 그 이유는 모든 것이 공장 직거래, 현장에서 식자재를 생산하기 때문에 가능합니다.

1987년 일본에서 맥도날드가 싼 가격으로 메뉴를 내놓았을 때 다른 패스트 푸드점에서도 비슷한 가격으로 고객을 유혹하였으나 실패로 돌아갔어요. 그 이유는 맥도날드보다 브랜드 가치가 없고 값이 싸지 않았어요. 필자는 10년 이상 카페와 레스토랑을 운영해 오면서 주위에 새롭게 개업한 업체를 전혀 의식하지 않아요. 우리 가게가 장사가 잘 되니까 주위에 프랜차이즈, 오리지널 브랜드, 대형과 소형 할 것 없이 수없이 창업을 하였어요. 필자는 오히려 새롭게 문을 연 업체를 엑스트라라고 생각하고 지금까지 해오던 필자만의 스타일로 해오고 있어요. 우리 가게에 오는 고객보다 경쟁업체를 앞서려고 하는 영업 전략은 자살행위입니다.

호주의 카셀라 와인은 경쟁 와인들과 정면으로 대결하는 대신 새로운 고객가치를 창출해서 성공한 사례입니다. 다른 와인 업체들은 포도의 품종 수확 연도 등을 전면으로 내세워 자신들의 업체 와인이 경쟁와인보다 좋은 와인 맛을 가졌다고 홍보해 왔어요. 그런데 카셀라 와인은 경쟁사와 차별화하며 소비자의 마음을 사로잡는 데 집중했어요. 경쟁사 와인들처럼 품종과 수확 연도를 내세우는 대신 '누구나 즐겁게 마시는 와인'이라는 콘셉트를 소비자들에게 홍보했어요. 초보자들이 부담 없이 즐길 수 있는 '친밀함'과 '참신함'의 이미지를 내세운 것이죠. 그 결과 일반 대중들이 와인에 대해 가졌던 '특별한 때에만 마시는 술'의 이미지를 깰 수 있었고 새로운 고객을 창출했어요. 카셀라 와인의 경영전략은 하버드 경영대학원에서 모범사례로 다뤄지고 있어요. 자신의 가게를 경쟁업체와 비교하지 말고 고객의 마음을 사로잡는 나만의 스타일리시한 칩 앤 시크로 운영해야 장수할 수 있어요.

아름다운 꽃도 환경이 변하면 곧 시들어 버립니다. 급변하는 환경에 맞춰 변하지 않으면 결국 도태된다는 말이지요. 그래서 환경에 적응할 수 있고 변화에 살아남는 가게를 만들어야 합니다.

불황일수록 외식업은 불황을 탈출하기 위해서 몸부림을 치고 있습니다.

지금 외식업 키워드는 PSY(Price-Story-Young)입니다. 저렴한 가격에 스토리가 있는 젊은 상품들이 고객의 사랑을 받고 있어요. Cheap-Chic와 비슷한 콘셉트죠. 질 좋은 상품을 저렴한 가격에 만족하려는 것이 고객이에요.

패션 분야에서는 유니클로 발열내의 '히트텍'이 2012년 11월에 전국적으로 500만 장이 팔렸고, 7개국에서 1억 만장이 팔렸어요. 외식업에는 '김떡순'(김밥, 떡볶이, 순대)이 떴는데, 그 이유는 불황 때문입니다.

그 반대로 레스토랑 카페는 평균 20% 이상 매출이 줄었다고 카드사 직원이 말하고 있어요.

'김떡순'이 떴다고 해서 내가 하기 싫은데도 김밥장사, 떡볶이장사, 순대장사를 해서는 안 됩니다.

가맹점 1,800여 곳을 갖고 있는 '크린토피아' 이범택 회장은 "꼭 하고 싶은 일을 찾아 창업해야지 남을 따라 하면 100% 망한다"고 했어요.

외식업에 성공하려면 트렌드를 따라 가지 말고 트렌드에 적응할 수 있는 마인드가 필요해요. '김떡순'이 뜨는 것은 한국의 전통적인 음식을 PSY로 콘셉트를 잡아서 영업했던 것이 성공했는데 사이클이 얼마나 오래 갈지는 의문입니다. 명품 브랜드는 자기만의 스타일을 지니고 있어요. 샤넬만이 갖고 있는 무릎높이의 스커트, 깃이 없는 라운드 재킷은 100년이 다 되어도 유행이 없어요. 미쏘니는 니트와 고유의 무늬, 막스마라 실루엣 박스스타일은 지금까지 사랑받고 있어요. 조르지오 아르마니의 슈트, 버버리의 체크, 페라가모의 구두, 루이뷔통의 가방 등 수많은 명품들은 불경기에도 세일을 잘 하지 않아요.

스타일 있게 트렌드에 강한 가게를 만들려면 불황일 때 가격인하하지 말고 상설로 메뉴를 개발하세요. 메인 메뉴 값은 그대로 하고, 기획 메뉴를 고객들에게 서비스 하는 것이죠.

2008년 미국발 외환 위기 때 기획 상품으로 불황을 극복했어요.

야채가 다른 샐러드를 소스만 같이 해서 3,000원에서 4,000원, 그리고 해산물 크림 스파게티 메뉴도 해산물을 대신하여 오징어 크림스파게티로 7,000

원으로 해서 상설 판매하였는데 인기가 높아 하루 50~60인분 이상 팔렸어요. 기획 메뉴일수록 맛이 있어야 이 가게를 신뢰할 수 있고 트렌드에 살아남을 수 있어요. 불황일 때는 가격인하를 '절대' 하지 말고 기획 상품을 개발하여 매출을 커버해야 합니다.

불황일수록 인풋(Input : 투입) 없이 아웃 풋(Output : 산출)을 기대해서는 안 됩니다. 마진이 없더라도 기획 상품을 개발하여 트렌드에 강한 가게를 만들어야 생존할 수 있어요.

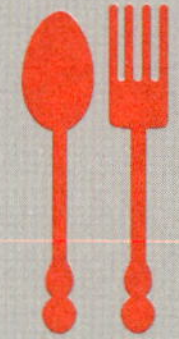

청각적 시즐링을
오감시즐링으로 확대해서
시각, 청각, 미각, 촉각, 후각이 있어야 한다.

Sizzling

PART 2

오감으로 승부를 걸어라!

미각은 브리지(Bridge)입니다

맛은 헤아릴 수 없을 만큼 많아요. 이 많은 맛을 잘 조화시키는 것이 셰프의 능력이지요. 짠맛, 쓴맛, 신맛, 단맛, 매운 맛, 떫은 맛, 비린 맛, 고소한 맛, 구수한 맛, 상큼한 맛 등 수없이 많은 맛 중에서 짠맛이 없고, 쓴맛이 없고, 신맛이 없고, 떫은 맛이 없고, 비린 맛이 없는 요리를 고객에게 제공해야 합니다. 미각은 비즈니스의 역할을 하고 사교의 브리지 역할을 합니다. 중요한 사람, 반가운 사람, 결혼을 앞두고 만나는 사람 등 수없이 많아요. 이럴 때 우리는 보통 맛있는 집을 선호하지요. 그만큼 미각의 힘이 크다고 봐요.

맛은 주관적인 판단에서 나오면 그 집은 망합니다. 고객이 판단하므로 객관적이어야 해요. 오너 셰프는 맛있다고 소문난 집, 다시 말해서 나의 품목과 비슷한 집에 가서 맛을 많이 봐야 합니다. 필자는 페이 셰프를 두고 운영해 온 스타일이라서 필자의 업종과 비슷하게 맛있다고 하는 집은 꼭 가봐요. 필자의 가게 맛과 비교하기 위해서죠.

미각은 '간'에서 와요. 제일 중요한 간을 잘 맞추어서 단맛, 짠맛, 쓴맛, 신맛, 매운 맛을 구별할 수 있어야 합니다.

후각은 '밥줄'입니다

후각은 냄새를 맡는 감각이므로 셰프나 바리스타에게는 생명과 같은 밥줄이에요. 식음료 사업을 하는 사람은 물론 여기에 종사하는 사람에게는 후각의 센스가 없으면 치명적이에요. 입으로 들어가는 모든 음식은 향(냄새)이 좌우해요. 커피는 향이 생명이며, 식사류는 이미 냄새에서 맛이 결정된다고 하지요. 미식가는 그 집에 들어가면 음식의 냄새(향)에서 이미 맛의 결정을 내린다고 합니다.

후각은 수백 가지의 냄새를 맡을 수 있는 감각이지요. 외식업체에는 냄새에 민감합니다. 상한 음식 냄새, 비린내, 고소한 냄새, 구수한 냄새 등 식음료에서 나오는 냄새 말고도 하수구 냄새, 전기감전 냄새, 타는 냄새, 향수 냄새, 입 냄새, 곰팡이 냄새, 페인트 냄새, 화장실 냄새, 왁스 냄새 등 가게에서 느낄 수 있는 수많은 냄새가 많습니다. 이것을 캐치할 수 있는 후각능력이 있어야 음식도 청결하고 가게도 청결하겠지요. 후각에 문제가 있는 사람은 식음료 사업을 하지 말아야 합니다.

대학 동문 모임이 있어서 '모토' 레스토랑에서 약속을 했을 때 필자는 10분 정도 일찍 가서 기다리는데 냄새가 나서 앉아 있을 수가 없었어요. 특히 필자는 후각이 예민한 편이라서 왁스 냄새가 지독하게 나는 것을 느꼈어요. 아마 왁스로 화장실 청소를 한 것 같은데 이 집 주인과 종업원은 후각이 둔한 것 같았어요. 동문들이 한 명, 한 명 모이기 시작하면서 10명 중 6~7명은 냄새가 심해서 점심식사를 여기서 못하겠다고 야단이었어요. 그래서 우리는 다른 장소로 옮겼어요. 미안한 생각은 많이 들었지만 그 독한 냄새와 같이 앉아 있기가 괴로웠어요. 필자가 마지막으로 나오면서 우리가 이 가게를 나가는 이유를 설명해 주었습니다. 그런데 종업원 왈, "저희들은 잘 모르겠는데요" 하면서 인상이 굳어졌어요.

얼마 전 일식당 'M'에서 지인들과 점심식사를 했어요. 작은 가게이지만 실내는 천장이 높고 환하고 훤해서 느낌이 좋았어요. 그러나 식사 후 화장실에 갔는데 남녀공용이면서 악취(소변 냄새)가 심해 토할 것 같아서 그냥 나왔어요. 이 가게는 테이블을 많이 놓기 위해서 화장실을 죽인 거예요. 이 가게 이미지는 화장실 때문에 망쳤어요. 외식업소 화장실은 안방같이 깨끗하고 좋은 향이 나야 합니다. 화장실 문을 열고 들어가면 그 집의 향이 묻어나야 하는데, 커피 전문점에는 커피향이 나야 하고, 레스토랑에는 맛있는 요리 향과 꽃향기가 가득해야겠지요. 몇 시간마다 공기 청정제를 뿌려주면서 고객에게 좋은 냄새를 느끼게 해 주는 것도 서비스입니다.

청각으로 매출을 올리세요

소리는 느끼는 감각이므로 카페나 레스토랑의 외식업 주인과 종업원들이 손님과 함께 공유할 수 있는 느낌입니다. 고객들은 부드러운 소리, 아름다운 소리, 맛있는 소리, 듣기 싫은 소리 등을 가게에서 들을 수 있습니다. 비 오는 날 부침개 부치는 소리만 들어도 막걸리가 생각나듯이 철판위에 "지글지글" 식욕을 자극하는 스테이크소리나 프라이팬에서 들리는 파스타요리 소리가 귀를 사로잡아 식욕을 돋우게 합니다. 한식에서는 "지글지글"이나 "보글보글"이 있다면 레스토랑 카페에는 '시즐링'(Sizzling)이 있어요. 뜨겁게 달군 철판은 고기나 해산물을 익힐 때 조리하는 소리가 자주 등장하지요. 청각과 미각은 밀접한 관계이며, 이에 따른 기억 또는 연상 작용을 일으키다 보니 소리로서 맛을 떠올리는 경우가 많아요. 그 때문인지 유독 맛을 표현하는 의성어가 많습니다. "후루룩, 쩝쩝, 사각사각, 캬!" 등 사람들은 청각만으로도 맛을 그려내고 있어요.

시즐링으로 고객을 유혹하여 매출을 올리세요. 음악도 매출에 많은 영향을 줍니다. 필자가 카페를 운영할 때 맑은 날과 흐린 날, 비 오는 날, 오전, 오후, 저녁, 밤에 맞는 음악을 고객들에게 들려주고 있습니다.

화창하고 맑은 오전에는 모차르트나 하이든의 음악을 틀고, 비 오는 날에는 슈베르트나 슈만의 가곡을, 흐린 날씨에는 쇼팽의 피아노 전집과 재즈, 저녁과 밤에는 팝페라나 오페라 아리아를 고객들에게 들려줍니다. 이런 음악을 들려주어서 그런지 음악인의 사랑방이 되어서 그들의 안식처가 되기도 합니다.

시각은 첫사랑이에요

공간의 감각은 눈을 통해서 이루어지기 때문에 시각적 감각은 첫인상과 같아요. 외식업에서 시각적인 것은 가게 외장과 내장, 주인과 종업원의 인상과 의상, 메뉴판의 디자인, 메뉴 데커레이션, 가게 내의 조형물과 액세서리 등이 있겠지요. 가게라는 하나의 공간이 시각디자인 역할을 하며 작품을 만들어 냅니다. 고객의 선의감에 일단 시각적인 느낌이 좋아야 여기에 왔다는 것에 만족스러워합니다.

이제는, 사람이 많이 모이는 영업장소에는 인테리어 차별화를 위해서 많은 노력을 해요. 하물며 치킨 집, 선술집, 갈비탕 집, 떡볶이집들이 카페 형태로 고급화되어 가는 것은 고객의 시각적 감각이 선진국 라이프스타일로 바뀌어 가고 있다는 것입니다. 분위기도 시각이에요. '사람이 인테리어'라고 하는데 손님이 와자지껄하면 분위기가 좋아 보이고 인테리어도 덩달아 좋아 보입니다.

미국 여행 중 애리조나주 어느 카페에 들어갔는데 거의가 50~60대 손님이었어요. 60대 후반으로 보이는 카페 주인의 의상이 재미있게 보였어요. 서부극의 황야의 무법자 클린트 이스트우드 스타일로 서빙을 하고 있었어요. 맥주한잔 먹으면서 많은 생각이 스쳐지나갔지요. 우리나라 카페문화는 젊은 고객을 상대로 영업하는데 이런 시니어 문화를 창출하는 카페가 있었으면 하는 생각을 해봤어요. 첫사랑은 한 번씩 생각나고 보고 싶기도 하지요. 자신의 가게를 첫사랑같이 시각적으로 잊을 수 없는 곳으로 만드세요.

촉각은 힐링(Healing)입니다

촉각은 몸과 마음을 치유해 주는 역할을 합니다. 우리가 카페나 레스토랑에 앉았을 때 의자가 편안하고 테이블 높이가 맞을 때 왠지 푸근하면서 사랑하는 사람의 가슴에 얼굴을 묻을 때 같은 느낌이 오지요. 의자에 오래 앉아 있어도 허리가 아프지 않는 의자와 잠시 앉아 있어도 불편한 의자가 있어요. 따라서 본인이 최소한 한 시간 이상 앉아보고 의자를 구입해야 합니다.

서울 종로에 있는 이탈리안 레스토랑에 점심을 먹으러 들어갔었어요. 종업원은 중간 자리에 앉으라고 합니다. 우리 일행은 3명인데 권하는 4인석 의자는 편의점 야외 테라스에서나 볼 수 있는 등받이가 낮고 팔걸이가 없는 책상의자 같이 보였어요. 오래 앉아 편안하게 음식을 즐길 수 없는 디자인이었지요. 엉덩이가 배기고 허리가 아플 수밖에 없는 디자인입니다. 테이블은 카페 테이블처럼 작아서 2인석 테이블 같았어요. 메뉴가 다 나오면 접시와 음료를 둘 자리가 없을 정도로 작아 보였어요. 필자는 그 자리에 앉지 않겠다고 하고 구석자리에 찾아가서 붙박이 의자에 앉았는데 그곳도 테이블이 역시 작았어요.

고객의 촉각은 완전히 무시하고 '음식만 먹고 빨리 나가라'고 등을 미는 느낌이 들었어요. '장돌뱅이'가 하는 짓을 그대로 하는 것이었어요. 카페와 레스토랑에는 테이블 의자가 불편하면 고객에게 불안한 자세와 불안한 심리를 불러일으키는 작용을 합니다.

서중교 통증의학과 전문의는 불편한 의자에 앉아 있으면 척추와 옆구리 주위의 근육과 인대에 무리가 와서 뒤쪽 갈비뼈 부근 근육 쪽에 통증이 생긴다고 합니다. 프랜차이즈 카페나 레스토랑의 테이블이 작고 의자도 작은 이유는 매출 효율을 극대화하기 위한 영업 전략인데, 오리지널 외식 업체는 프랜차이즈의 작은 의자, 작은 테이블 콘셉트로 하면 실패율이 높아요. 대형 프랜차이즈는 고객이 브랜드를 보고 찾아가지만 오리지널 브랜드는 고객에게 편안한 감을 느낄 수 있고, 아늑함을 누릴 수 있도록 해주는 것이 중요해요. 의자와 테이블을 구입하는 데도 고객에 대한 배려가 있어야 합니다.

 베이비부머, 스타일 모르고 외식 창업 절대로 하지 마라

마켓 냄새 독하게 맡아라!

'밥장사, 콩장사(커피)는 잘해야 본전이다' 라는 말이 요즘 많이 떠돌고 있어요. 이유는 수요에 비해 공급이 많아서 그래요. 그러나 자기 적성에 맞는 가게와 자기가 좋아하는 메뉴를 선택할 수 있으면 성공확률이 높아요.

필자가 창업한 'F & P' 카페는 스타일을 모르고 창업을 해서 위치와 브랜드는 히트쳤지만 원초적인 장사를 잘못하여 성공하지 못했어요. 그래서 그동안 얻은 지식, 즉 스타일로 무장해서 시장 냄새를 맡으러 미친 듯이 돌아다녔어요. 돌아다니면서 한 번도 좌절을 해보지도 않고 피곤하다고 넋두리 해본 적이 없었어요. 그 이유는 스타일로 무장했기 때문이죠. 냄새는 책상 앞에 앉아 신문, 책, 잡지 인터넷에서 맡을 수가 없어요. 현장에서 맡아야 똥인지 된장인지 확실한 냄새를 맡을 수 있어요. 시장 냄새를 맡기 위해서 신발이 닳고, 어깨가 아프고, 종아리가 퉁퉁 붓고, 짊고 다니는 클러치가 부러져서 넘어지고 했죠. 그래도 너무 즐거웠어요. 왜냐하면 필자에게는 스타일이 있기 때문이었어요.

'카페베네' 김선권 대표는 "꿈을 이루려면 모든 것을 바쳐야 한다. 꿈은 바라보고 간직하는 것이 아니라 온 마음으로, 온 몸으로 부딪치는 것이다"라고 필자와 공감이 가는 말을 했더군요. 결국 배고픈 놈이 뛰어 다니면서 먹을 것을 찾아다니는 것과 같죠.

필자가 시장 냄새를 맡을 때는 항상 아내와 동행을 했어요. 옛말에 '백지장도 맞들면 낫다'라는 말이 있듯이 둘이서 보는 관점이 다르기 때문이니까요. 공자는 "세 사람이 길을 가면 그 중에 반드시 스승이 있다"고 했어요. 시장 냄새를 한 사람이 맡는 것보다 옆에서도 맡아주는 사람이 있으면 더 독하게 맡을 수 있으니까요. 창업자금을 어렵사리 마련해서 시장 냄새 잘못 맡아서 망하는 일이 절대 있어서는 안 돼요. 냄새는 1~2개월 맡아서 똥인지 된장인지 구별을 못하니까 최소한 6개월~2년까지도 걸릴 수 있어요. 창업할 장소 부근을 훤히 꿰뚫고 있어야 입지가 좋은지 나쁜지 판단이 설 거예요. 어떤 사람은 3개월 만에 시장조사를 해서 성공했다고 하는데, 그것은 '소발에 쥐 잡은 격'이죠. 그렇지 않으면 그곳 사정이 밝은 사람이 창업을 했다거나.

서울 지하철 3호선 안국역 부근에 있는 '두루' 카페(대표 차동성)는 시장조사를 하면서 창업 준비를 하는 데 2년이 걸렸다고 해요. 오리지널 창업이 성공하려면 이렇게 준비를 많이 해야 성공할 수가 있어요. 25평 정도의 가게에 테이블이 13개인데 하루 매출이 150~200만 원이 오른다는 거예요.

빌게이츠가 하버드대 졸업식에 한 연설을 보죠.

"내가 지금부터 그대들에게 성공의 비결을 하나 알려주겠다. 하버드 졸업하느라 수고했다. 그러나 이 순간부터 너희는 하버드 나왔다는 사실을 잊어버려라. 그리고 밑바닥부터 시작하는 심정으로 세상 속에 뛰어들어라. 세상사람 대부분이 하버드 졸업생이 아니기 때문이다."

베이비부머는 직장생활을 하면서 그동안 많은 지식을 갖고 퇴사를 했을 것입니다. 다른 사람보다 냄새를 더 잘 맡을 수 있는 능력을 가지고 있어요.

'제너시스 BBQ그룹' 윤홍근 회장은 "소신이 섰으면 주저 없이 행동하라"고 했어요. 스타일리시한 가게를 창업하려면 냄새를 많이 맡으러 다녀야 똥인지 된장인지 구별할 수가 있지요.

이케아 라이프스타일을 벤치마킹하라!

벤치마킹이란 성공한 브랜드를 따라 배우는 것입니다. 다른 카페나 레스토랑들이 어떻게 성공했는지를 분석해서 내 가게에 맞게 잘 적용시키는 거예요. 오리지널 창업에서 중요한 것은 예산을 나에게 맞추어서 스타일이 있는 C & C로 승부하는 것입니다. 닭집 프랜차이즈를 창업하는데 3~4억 원을 투자하면서 몰리는데, 스타일이 있는 C & C를 창업하면 2분의 1 정도, 3분의 1 정도면 내 삶의 터전이 생겨요. 지금 이 시대를 살아가면서 어떤 붐을 만들어가는 라이프스타일이 있어요.

가구 왕국 '이케아(IKEA)'는 라이프스타일을 팔아요. 〈조선일보〉 2006년 기사를 보면 매일 아침 8시 50분, 독일의 연금생활자 보도쉴(58) 씨는 배고픈 상태로 자신의 승용차에 오릅니다. 함부르크 근처에 사는 그분은 정확히 11.3km의 거리를 손수 운전해 매일같이 '그곳'을 찾아요. 바로 스웨덴 가구 업체 이케아 매장. 그분이 아침마다 이곳으로 발걸음을 옮긴 지도 벌써 몇 달째예요. 여기엔 그만한 이유가 있기 때문이죠. 두 개의 갓 구운 큼직한 빵과 버터, 먹음직스러운 치즈 세 장에 훈제연어까지…… 뷔페 접시는 어느새 먹을 거리들로 가득 차 있어요. 가격은 단돈 2유로(2,400원). 따끈한 커피까지 무제한으로 마실 수 있어요. 그는 이제 이곳에서 하루의 절반을 보낸다고 해요. 최근 독일 전역에서 흔히 볼 수 있는 풍경이랍니다. 쾰른과 빌레펠드 매장엔 이보다 더 근사한 아침을 먹을 수 있는 고급 레스토랑까지 마련돼 있어요.

매일 아침 개장 1시간 전부터 독일 전역의 이케아 앞엔 진풍경이 펼쳐진다고 해요. 싼 값의 아침 뷔페를 먹으려는 사람들이 긴 줄을 서요. '가구 왕국' 이케아가 '음식 왕국'이 돼 가고 있어요. 독일 프랑크푸르트 〈알게마이네차이퉁〉은 이케아를 '샵(#)의 마법'이라고 표현했어요. 즉, 2차 산업(제조업)이지만 3차 산업(서비스업)과 같은 차별화된 서비스·마케팅 전략으로 '2.5차 산업'으로 업그레이드된 경우라는 분석입니다. 이케아는 이제 연금생활자, 젊은이들, 저소득 임금 노동자들의 '웰빙센터'가 돼 가고 있어요. '이케아'가 아니라 이제 '이케아#'으로 불러야 하는 문화현상의 진상은 바로 이케아 매장이 독일에서 새로운 '문화 현상'을 만들고 있기 때문이에요. 이케아는 단순히 조립식 가구를 제조해 파는 기업을 넘어서 이케아 매장만의 독특한 '라이프스타일'까지 팔고 있어요. 스웨덴 음식 문화를 전파해 '미트볼 이케아'라는 수식어가 붙었고, 누구나 편안히 내 집처럼 쉬어 갈 수 있는 '체험형 공공 거실' 매장 문화를 정착시켰어요. 2005년 한 해 동안 가구 업체 이케아의 레스토랑·카페테리아 체인은 수익성 면에서 독일 레스토랑체인 중 11위를 기록했어요. 무서운 성장세로 올해엔 5위권 안에 들 것이라는 분석입니다. 37개의 레스토랑을 소유하고 있는 가구 업체 이케아는 요식업 분야에서도 노하우를 쌓아가고 있어요. 이케아 매장에서 시작한 베이커리 '캄프스'는 벌써 독일 전역에 1,000여 개의 매장을 가진 대형 체인업체로 성장했습니다. 독일 전역에서 소비자들이 쓰는 20유로 중 1유로가 고스란히

'먹을거리'를 구입하는 데 쓰입니다. 독일에서 2005년 한 해 동안 이케아는 매장 안 레스토랑을 통해 1억 5,000만 유로 (1,840억 원)를 벌어들였어요. 날마다 독일에서만 1만 4,000명 이상이 이케아 매장 내의 식당을 이용한다고 해요. 다양한 사람이 만나는 모던한 약속 장소이자, '거대한 거실'이 돼 가고 있는 셈입니다. 가장 큰 매력은 모던한 이케아식 인테리어와 가격. 핫도그는 1유로(1,200원), 맥주는 1유로 30센트, 바닐라 소스를 듬뿍 바른 애플파이는 50센트예요. 이케아 매장에서 평균 한 사람이 한 끼당 쓰는 비용은 4유로 30센트입니다. 스웨덴 비즈니스 잡지 〈다센스인더스트리〉는 칼럼을 통해 "예전엔 가구를 사기 위해 이케아에 들렀다가 레스토랑을 이용했지만, 이제는 먹기 위해 이케아에 들렀다가 가구를 산다"고 주장합니다.

레스토랑뿐 아니라 널찍한 공간에 누구나 편히 쉬고 갈 수 있는 문화 공간까지 마련돼 있어요. 안내원이 없는 이케아 매장 2층에 설치된 쇼룸에서 사람들은 편히 쉬어 가며 책을 읽거나 커피 한 잔의 여유를 즐기기도 합니다. 직장인들은 점심시간을 이용해 낮잠을 즐기고, 오갈 데 없는 대학생들은 이곳에서 열띤 토론을 벌려요. 지금 유럽지역, 미주, 일본에서는 이케아 라이프스타일을 팔고 있어요. 신세대감각을 잘 살린 마이크로 디자인과 값싼 가격으로 젊고 세련된 사람에게 폭발적인 인기를 누리고 있어요.

'이케아'는 한국에 초대형 매장을, 광명시에 7만 8,000m^2(약 23,000평) 크기로 2014년 개점을 앞두고 있어요. 독일 이케아 매장같이 라이프스타일을 팔 것입니다. 지금 일본도 이케아의 칩 앤 시크한 라이프스타일에 젊은이들이 열광을 하고 있어요.

외식업을 첫 창업하는 베이비부머는 인테리어 비용이 적게 들어가는 C &

- 카피(Copy)를 하더라도 내 것으로 만들어야 해요. 냉정히 말해서 벤치마킹은 성공한 브랜드를 카피하는 것인데 어느 핵심 포인트를 내 것으로 만들어서 더 완벽하게 하면 성공확률이 높고 그것이 나의 오리지널이 됩니다.
- 벤치마킹을 할 때 프랜차이즈는 절대 카피하면 안 됩니다. 프랜차이즈는 브랜드를 파는 것이지 상품력이 우수한 것이 아니예요. 작은 가게, 오리지널 가게에서 대박 나는 가게를 보고 카피를 해야 성공확률이 높아요. 프랑스의 세계적인 패션 디자이너 코코 샤넬은 "인간에게 있어 모방이란 행동 양식이 존재하지 않는다면 어떻게 패션이라는 것이 성립될 수 있겠는가"라고 모방의 중요성을 지적한 바 있어요. 이스라엘 대왕 솔로몬은 "이미 있었던 것이 후에 다시 있겠고, 이미 한 일을 후에 다시 할지라. 해 아래는 새것이 없나니 무엇을 가리켜 이르기를 보라, 이것이 새것이라 할 것이 있으랴. 우리 오래 전 세대에도 이미 있었느니라" 했어요.

C의 노출 콘크리트 기법으로 했으면 가구는 이케아로 가면 코디네이션이 잘되어 백설공주가 사는 집같이 예쁠 거예요. 가구를 선택할 때는 매장(홀) 평수에 맞게 선택해야 해요. 실 평수 20평~30평 미만인 경우에 의자, 테이블이 작아야 합니다(작은 가구라도 편안한 것이 있어요). 이유는 평수가 적은 매장에 큰 탁자와 의자를 배치했을 때 답답하고 매장이 적어 보입니다. 이것을 보고 '배보다 배꼽이 더 크다'라고 비유한 것이죠. 그리고 손님이 없을 경우는 가구만이 나란히 있는 것이 딱딱하게 보여요. 테이블 수를 줄이고 화분, 액세서리, 파티션으로 배치해두면 손님이 없어도 편안해 보입니다. 매장이 텅 비어 있어도 고객이 들어 왔을 때 첫 느낌이 편안해 보여서 불안하지 않아요. 영업이 잘되면 가구는 더 늘릴 수가 있어요. 메뉴는 간단하고 아주 심플하게 해야 원가

절감이 되어 값싸게 고객이 즐길 수가 있어요. 왜 이케아가 세계적인 라이프스타일이 되었는가? 그것은 인테리어, 가구, 메뉴를 칩 앤 시크로 무장했기 때문입니다.

미끼상품으로 고객을 유혹하라!

고객을 잡으려고 할 때는 필히 미끼상품이 있어야 해요. 미끼상품은 다른 메뉴보다 값이 월등히 싸고 맛이 있어야 되고요. 미끼상품의 메뉴는 한 가지 균일품목이 되어야 식자재 절약이 되어서 손해 보지 않고 요리를 내놓을 수 있어요. 미끼상품으로 이득을 보려고 하지 마세요. 어디까지나 미끼예요. 이 상품으로 다른 메뉴를 팔기 위한 목적이죠.

필자가 카페를 운영할 때 케이크는 핸드메이드(수제케이크)였기에 인기가 대단했어요. 케이크 종류도 고구마케이크, 치즈케이크, 티라미슈, 밤케이크, 녹차케이크, 딸기케이크 등 가격은 보통 4,000~5,000원이었어요. 그 중에서 가장 대중적인 것이 고구마케이크였어요. 이 고구마케이크를 미끼상품으로 해서 가격을 2,000원으로 책정했어요. 2,000원짜리 고구마케이크를 먹기 위해 4,000~5,000원짜리 커피, 홍차를 같이 먹는 것이죠. 2,000원짜리 고구마케이크이지만 지름 30cm나 되는 화이트 접시에 디자인이 예쁜 포크를 케이크 옆에 살포시 얹어주니까 고객이 먹는 기분은 아주 고급스럽고 비싼 케이크를 먹는 기분이 든다고 해요. 미끼상품이 고급스

 가격이 싼 미끼상품일수록 그 메뉴의 데커레이션을 더 잘해야 고객을 유혹할 수 있어요. 만약 2,000원짜리 케이크를 작은 접시에 초코시럽도 뿌리지 않고 그냥 내놓으면 오히려 역효과가 일어날 수 있어요. 느낌에 '싼 것이 비지떡이다'라는 생각이 들지 않도록 오히려 더 신경을 써야 해요. 단, 지켜야 할 것이 있어요. 미끼상품은 절대 테이크아웃을 하지 않아야 해요. 미끼상품을 테이크아웃을 한다면 하루 종일 그 상품 만들기에 바빠요. 대형 프랜차이즈 롯데리아 같은 경우는 미끼상품을 어린 아이가 좋아하는 사은품으로 주어요. 엄마와 어린 아이가 함께 와서 요리를 먹으면 어린 아이가 좋아하는 뽀로로 인형을 줘요. 그리고 해피밀 인형도 줘요. 오리지널 창업 '커피 마시로'는 머그잔을 고객에게 나누어 주어서 단골 고객 확보에 성공을 했어요. 베스킨라빈스는 등산용의자(낚시용)를 사은품으로 행사를 하곤 했어요. 미끼상품으로 가정용 상품이나 잡화 등이 있지만 내 가게에서 생산되는 요리로 해야만 투자가 적게 되고, 다른 요리를 판매할 수 있어요.

다운타운에서 레스토랑을 할 때는 고구마케이크를 디저트로 서비스했어요. 그 이유는 2층이라서 손님을 '땡겨 올리기' 위해서는 확실한 미끼상품이 필요했어요. 고구마케이크를 먹고 싶어서 2층까지 찾아와서 식사를 하는 사람이 많았어요. 지금은 디저트를 먹기 위해서 메인요리를 먹으러 가는 트렌드이니까요.

스타일 있게 유혹하려면 한 번 더 강조하지만

라고 해야지! 다음에 같이 와서 먹어야지."

　이 말들처럼 맛이란 사람에게 감동을 불러일으켜야 한다는 것입니다. 만약 맛이 없고 시각적으로 보기 싫으면 미끼상품이 없는 것보다 못해요. 어설프게 유혹하려다 창피당하지 마세요.

추억의 장소로 만들어라!

우리 옛말에 '금강산도 식후경이다'라는 말이 있죠. 아무리 아름다운 명산이라도 좋은 식사를 하고 난 후 투어를 해야 여행하는 즐거움이 더 짙게 느껴져요. 먹는 욕구가 해결되어야 아름다움도 내 눈에 들어옵니다. 여행을 하면서 맛있는 곳에서 식사를 하면 여행의 보람을 느껴요. 그러나 요리가 맛이 없고 레스토랑이 불결하면 온 종일 기분이 나빠져요. 우리가 여행을 다녀온 후 가장 기억이 남는 것은 그 나라의 명소도 기억에 남지만 특정한 장소에서 어떤 맛있는 음식을 먹었던 것이 가장 기억에 남더라고요.

고객에게 기억에 남는 추억의 가게로 만들어야 장수할 수 있습니다. 작은 가게를 추억의 명소로 만들려면 아늑하고 편안해 보여야 하겠지요. 물론 주인도 편안해 보이면서 특징 있는 옷차림이 되어야 해요. 나를 위해서가 아니라 오직 고객을 위해서. 그 고객이 특별한 셰프의 옷차림, 아니면 차별화된 주인의 유니폼을 보면 오랫동안 기억에 남을 것입니다.

또한 오너 셰프나 오너 바리스타는 고객과의 휴머니즘이 필요합니다. 동선이 짧기 때문에 고객과의 친밀도를 높일 수 있으니까요.

　동유럽에 여행을 갔을 때였어요. '글루미 선데이' 영화로 유명한 헝가리의 수도 부다페스트의 '군델' 레스토랑에 갔었어요. 음식 값도 싸고 맛있고요. 그때 먹었던 것은 애피타이저로 나온 사슴고기의 햄이었어요. 한국에서 맛보지 못한 맛을 그곳에서 느꼈죠. 그리고 헝가리 와인은 지금 이름이 기억나지 않지만, 값이 싸고 맛이 엄청 좋았어요. 하우스와인 한 잔에 우리나라 돈으로 5,000원 정도였으니까요. 유럽에서는 헝가리 와인을 명품이라고 한대요. 우리 부부는 식사를 하는 동안 영화 속의 한 장면이 떠오르고 해서 가슴이 두근거리기도 했어요. 지금도 사라브라이트만의 '글루미 선데이'를 들으면 다뉴브 강이 흐르는 부다페스트의 '군델' 레스토랑이 눈앞에 스쳐지나가요.

　필자는 비즈니스 때문에 일본에 가끔 가는 편이에요. 도쿄 시부야에 있는 '모모디도' 케이크 카페가 잊지 못할 장소예요. 입에서 살살 녹는 케이크 맛을 보며 '이것이 행복이구나' 할 정도로 느껴졌어요. 케이크와 차를 마시면서 하루의 피곤함이 함께 사라지는 듯했어요. 카페 크기는 약 15평 정도 되어 보이는 작은 가게예요. 오래된 목조 건물을 리모델링한 집인 것 같고요. 테이블은 4개 정도 되는 작은 가게이지만 편안함이 느껴지는 것은 표현이 서툴러 딱히 표현할 방법이 없네요. 아마 이런 편안한 여유로움은 한적한 주택가에 카페가 있기 때문일 거예요.

　〈J일보〉 Y 논설위원이 유럽 취재 중 이탈리아에 갔을 때 이탈리아 정통 카스텔라의 맛에 매료됐어요. 어떻게 형용할 수 없이 달콤하며 맛있는 카스텔라 맛에 빠져든 그는 그간 다녀왔던 일본의 도요타, 독일의 BMW 등 세계적인 공장견학의 기억은 금세 사라지고 이탈리아의 작은 시골이 뇌리에 박혔다고 합니다. 그것은 오직 맛있는 음식 때문이었던 거죠. 맛있는 음식이 남겨놓은 호감은 참으로 길고 따뜻하다고 많이들 이야기하죠. 지금도 그곳 명소를 기억하는 것은 거기에 있던 맛있는 음식과 분위기 때문일 것입니다. 타지방에서 온 고객이 본인의 가게에서 좋은 이미지를 갖고 가면 그곳에서 소문을 낼 것이고 또 언젠가는 반드시 다시 찾아 올 겁니다.

샤넬처럼 작은 가게로 시작하라!

세계 최고의 패션 디자이너 샤넬은 1916년 파리에서 승용차로 약 한 시간 거리의 휴양지로 유명한 도빌에서 창업했습니다. 약 10평 정도의 작은 부띠크(맞춤 양장점)에서 그는 심플한 디자인으로 자신만의 고유 의상으로 시작했지요.

작은 가게는 본인의 업종과 어울리는 장소에서 창업하여 스타일이 있는 가게를 만들면 충성 고객과 열정 고객을 만들 수 있습니다. 작은 가게는 휴먼 터치가 제일 중요하고 깨끗한 이미지와 청결한 요리가 필수적입니다. 그러나 작은 가게는 파워 브랜드가 많이 모인 곳은 피해야 합니다. 파워 프랜차이즈가 서로 경쟁하고 있는데 작은 가게로 첫 창업을 할 경우 엑스트라 역할밖에 하지 못하기 때문이죠. 아무리 스타일 있게 칩 앤 시크로 차별화해도 고객들 눈에 보이지 않을 수 있습니다. 작은 가게를 스타일 있게, 매력 있는 가게로 창업하는 데는 대형 브랜드 뒷골목이 승률이 높습니다. 유럽이나 미국, 일본 외식업 트렌드는 대로가에는 대형 카페, 대형 레스토랑이 몰려 있고, 그 뒤 도로에는 작고 아담한 전문성이 있는 오리지널 브랜드가 몰려 있습니다.

　10평 정도에서 시작한 '벨로이태리'(대표 : 김진우) 이탈리안 레스토랑은 맛집으로 소문난 가게예요. 4인용의 아담한 테이블이 6개인데 고객은 늘 가득 차고 대기 손님이 바깥 벤치에서 앉아 기다리고 있는 모습을 자주 목격하게 됩니다. 지금 매장수가 약 7개 정도 되는데 전부 이면도로에, 평균 10평 정도로 뒷골목에 위치하고 있어요. 우리나라에서도 서울, 부산, 경기, 대구 등 대도시 뒷골목에는 전문성이 있는 오리지널 브랜드가 매력을 뽐내고 있습니다.

　〈중앙일보〉에 의하면 지금 일본에서는 뜨거운 논쟁이 벌어지고 있다고 해요. 아베 자민당 총재 부인 아키에 여사의 '이자카야'(선술집) 개업을 둘러 싼 찬반논쟁 때문이죠. 아키에는 도쿄의 금융가 '간다' 뒷골목에 '우즈'란 이름의 선술집을 개업했어요. 선술집이라고 하지만 카페 형태의 세련된 인테리어에 카운터(바텐) 5석과 2인용 테이블 8개가 있는 10평 남짓한 가게예요. 아키에는 몇 년 전부터 웰빙 음식을 취급하는 선술집을 열기 위해 준비해 왔다고 합니다. 아베 총리가 이를 말렸지만 아키에의 뜻을 굽힐 수가 없었어요. 퍼스트레이디로 유력한 이가 대로가에 대형 프랜차이즈나 대형 레스토랑을 창업할 수는 있겠지만 작은 선술집은 실로 의외였죠. 그녀는 작은 가게의 매력을 느끼고 수년간 준비해 왔어요. 〈주간 신조〉는 아키에가 술에 취해 비틀거리는 듯한 사진까지 게재했어요. 그러나 아베 총리는 페이스북을 통해 "아키에는 나와 달리 술을 즐기고 때로 취할 수도 있다. 그런 모습까지도 사랑스럽다"고 진화에 나섰다고 해요. 총리 부인이 10평짜리 선술집을 하는데 이 얼마나 아름다운 사랑의 대변인가?

　우리는 이것을 보고 많은 반성을 해야 할 것입니다. 작은 가게를 스타일 있게 해서 고객을 유혹해 보세요. 매력이 있으면 가게 앞에 고객들을 줄 세울 수 있어요.

미식가가 식음료를 즐기기 위해서 카페나 레스토랑을 정하는 데는 원칙이 있어요. 대형 프랜차이즈는 가지 않아요. 이유는 거의가 냉동음식이기 때문이죠. 미식가는 음식을 즐기다보니 격식이 없고 소박한 곳을 좋아해요. 우리나라에선 맛보다 분위기로, 그리고 화려하고 대형 브랜드로 '허세'를 부리는 곳이 많아서 미식가는 조용하면서 알찬 곳을 좋아하기 때문에 칩시크하고 스타일이 있는 곳을 찾아다니고 있어요.

필자는 식음료 오리지널 창업컨설팅을 해주면서 프랜차이즈 카페나 레스토랑을 가끔 가보아요. 그것도 시장조사를 하기 위해서 가보죠. 프랜차이즈 외식업체에 가지 않는 이유는 정적이 없으며, 맛이 인스턴트 느낌이 들고, 값이 비싸고, 운치가 없어요. 그래서 조용하고 작고 소박한 오너 셰프가 직접 요리해주는 카페나 레스토랑을 이용하지요.

피자를 전문으로 하는 대구 프린스호텔 뒷골목 '까사나폴리'에 가서 마르게리타와 맥주 1병을 먹어도 부담 없는 가격이며, 이 가게 오너 셰프는 성악가(테너) 출신이라서 요리를 하면서 가끔 '오! 솔레 미오', '돌아오라 소렌토로' 등의 이태리 민요를 부르면서 요리를 해요. 이럴 때는 착각에 빠져서 나폴리 항구 뒷골목 작은 피자집에서 식사를 하는 것 같은 느낌이 들어요.

영화배우 남궁원 씨 아들 홍정욱 전 국회의원은 구미에 맞는 단골집이 있다고 해요. 집에서 가까운 서울 가회동의 '피제타'라는 피자 전문점인데 맛도 맛이지만 피자 한 조각과 음료수를 일 만 원 내에서 해결하는 곳이라고 합니다. 공간도 작고 아늑해서 가족, 혹은 연인들이 도란도란 이야기를 나누기가 좋다고 해요. 오너 셰프 부부와도 친분을 쌓다보니 가끔은 주방에 들어가게 허락해 줄 때도 있다고 합니다. 그럴 땐 돈 주고도 배울 수 없는 즉석 요리실습이 벌어진다고 해요.

여기와 비슷한 레스토랑이 서울 청담동 '비스트로 드 욘트빌'이라는 프렌치 레스토랑이라고 해요. 분위기는 캐주얼하지만 맛은 결코 뒤지지 않는답니다. 유명세가 있는 미식가들은 오너 셰프가 요리하는 가게를 찾아가요. 그 이유는 맛있고, 값이 싸기 때문이죠. 그래야 외식을 자주할 것이 아닌가요?

부산에서 활동하고 있는 한국을 대표하는 패션 디자이너 배용 선생님도 자타가 인정하는 미식가예요. 절대 화려한 대형 레스토랑에 가지 않고 오너 셰프가 요리하는 소박한 작은 가게를 찾는다고 합니다. 미식가들이 찾아 가는 가게는 깔끔하고 스타일리시한 곳입니다. 거기다가 칩시크로 무장한다면 장수하는 가게로 명소가 될 수 있습니다.

식자재를 직접 구입하라!

맛을 내는 것은 원초적으로 신선한 재료예요. 좋은 재료에 최고의 셰프와 최고의 바리스타가 탄생되죠.

만드는 것(제조)은 모두 재료가 좋아야 훌륭한 작품이 탄생되지요. 건물, 자동차, 옷, 화장품(의식주) 등 우리가 생활에서 누리는 모든 것들이 재료 싸움이에요. 어떤 재료를 쓰느냐에 따라 그것이 많은 변화를 일으키죠. 특히 먹는 것은 더욱더 민감해요. 명품은 모든 것이 좋은 소재에서 나와요. 필자가 옷을 디자인할 때 좋은 소재로 옷을 만들면 디테일 없이 심플하게 만듭니다. 이유는 좋은 소재만이 갖고 있는 특성이 있기 때문에 그 소재를 살리는 것이죠. 음식도 재료가 별로이면 이것저것 섞어서 디테일이 많아지게 됩니다.

독일 소시지는 돼지고기 엉덩이 살과 후춧가루만 넣고 만들어요. 그래도 최고의 맛을 냅니다. 이유는 냉동 또는 냉장고기가 아닌 금방 잡은 돼지이기 때문이죠. 오스트리아 황태자를 사랑했던 독일 하이델베르크 여대생의 무대였던 하이델베르크에서 소시지와 맥주를 먹었던 기억이 나네요.

파스타는 해물 재료가 많이 쓰여요. 필자는 셰프인 아들에게 해물시

카페를 운영할 때도 세계 최고의 커피인 이태리 원두 라바차, 일리 등과 독
일 원두 달마이어 등의 최고의 원두를 구입해서 고객에게 공급했어요. 지금도
어떤 고객들은 10년 전 그때의 카푸치노, 아이리스, 레귤러커피 등 그 맛을 잊
지 못한다고 해요. 지금 시중에 나오는 원두의 80% 이상이 싸구려를 구입해
서 커피 전문점에 납품하기 때문에 커피 고유의 맛이 없습니다. 특히 대형 프
랜차이즈는 더욱 더 향이 없어요. 본사에서 커피콩을 직접 수입해서 볶아 가
맹점에 납품하기 때문이죠.

지금 우리나라 사람 중 커피 맛을 알고 마시는 사람이 과연 몇 퍼센트나
될까요? 맥주 맛을 알고 마시는 사람도 얼마나 될까요? "북한 대동강 맥주
보다 맛이 없다"는 영국 〈이코노미스트〉지 최신호에 실린 한국 맥주에 대한
혹평인데 필자도 세계에서 제일 맛없는 맥주가 한국 맥주라고 생각해요.

지난 2005년 중국 상해 패션쇼를 성황리에 끝내고 상해에 있는 북한 식당
에서 대동강 맥주를 먹었을 때의 맛이 일본, 유럽, 중국 맥주와 비슷해서 놀
란 적이 있어요. 한국 맥주가 맛없는 이유는 맥주의 주요 원료인 맥아를 충
분히 쓰지 않기 때문입니다. 재료의 주요 성분이 맛을 좌우합니다.

개그맨 조정현은 일일이 식자재를 간섭하며 파 한 단, 고기 한 근까지 직접
지켜보는 열정으로 레스토랑 사업에서 성공했어요.

〈중앙일보〉 기사 내용입니다. 세계에서 가장 유명한 일식 요리사인 마쓰히
가 노부유키는 최근 제주도를 찾았습니다. 미국 LA와 라스베이거스의 '노부'
레스토랑에는 제주산 광어가 공급되는데 1987년부터 '오션 프레시'라는 한

국 업체에서 생선을 제공해 왔지요. 노부유키는 제주산 광어를 직접 보고자 했어요. 그는 양식장으로 물이 들어오는 호스에 손을 갖다 대었고 물을 직접 마셨어요. 광어가 살고 있는 물의 맛을 손수 확인하기 위해서죠. 그의 이런 행동은 신선하고 질이 좋은 식자재를 확인하기 위해서였던 겁니다. 식자재는 내 눈으로 보고 직접 확인하고 구입해야 신선한 것을 구입할 수 있습니다.

오리지널 레스토랑 브랜드를 7개나 운영하는 박영식 대표는 "재료가 가장 중요하다는 결론을 얻었다"고 말했습니다. 그래서 '좋은 재료를 듬뿍 넣은 메뉴로 승부를 보자'고 해서 나온 메뉴가 서해산 꽃게 한 마리를 넣은 '꽃게 로제파스타'라고 합니다. 이게 지금 폭발적인 인기를 얻고 있는 메뉴인데, 비결 은 신선한 식자재가 요리의 맛을 좌우하기 때문이라고 해요.

케이크를 만들 때도 품질이 좋은 고구마와 치즈, 초코 등을 선택해야 맛있 는 케이크가 탄생됩니다.

작고 아담한 가게를 좋아하는 고객은 누굴까요? 그 메뉴의 미식가들입니 다. 이 점을 명심하여 식자재를 신선하고, 품질 좋고, 값싸게 구입하세요. 그러 려면 아무래도 발바닥에 불이 나게 뛰어 다녀야 하겠지만, 그렇게 해야만 스 타일 있는 가게를 만들 수 있다는 사실을 명심하세요.

식자재를 신선하고 값싸게 구입하려면?

• 해산물은 해산물 전문 어시장(서울은 소래포구 어시장과 노량진 어시 장, 부산은 공동어시장, 대구는 칠성시장 등)을, 과일과 채소, 건과류는 재래시장에서 구입하면 대형 마트보다 값이 싸고 신선합니다. 커피는 수 입 도매업자에게 샘플을 한 봉지 얻어서 머신기에서 추출해서 향을 맡아 보고 구입하세요. 모든 맛은 좋은 재료에서 탄생됩니다.

소품종 대량생산으로 칩시크(Cheap-Chic)하라!

난생 처음으로 외식업을 창업하는데 다품종 소량생산을 하면 멀리 못가서 깡통 찹니다. 외식업에서 제일 중요한 것은 소품종 대량생산이에요. 다시 말해서 맛있는 메뉴 몇 가지만 해서도 성공률이 높다는 것이에요. 전문점은 식자재 관리가 쉽고 로스가 적어요. 단일품목은 메뉴개발도 그만큼 쉬워요.

메뉴에 욕심을 내게 되면 '적자생존'하게 됩니다. 이것도 팔고 싶고, 저것도 팔고 싶고, 그러다가 깡통 찹니다.

우리가 옷을 구입할 때 디테일이 많은 디자인을 구입하면 금방 싫증을 느껴요. 그 다음해에 입기가 어색하고 유행이 지난 것 같이 느껴져요. 디테일 많은 옷은 디자인의 트렌드가 짧고 디자인이 심플한 것은 몇 년 동안 유행과 관계없이 입어도 싫증이 나지 않아요. 메뉴도 마찬가지예요. 심플하게 콘셉트를 잡아야 수명이 길어요. 커피 전문점, 와인 전문점, 파스타 전문점 등 외식업체에서 소품종 대량생산으로 대표적으로 성공한 브랜드는 세계적인 기업 맥도날드죠. '맥도날드'는 햄버거로 전세계를 누비고 있고 'KFC' 닭은 세계를 날아다니고 있어요. '놀부보쌈'으로 성공한 오진권 사장은 돼지 등 위에 타고 한국을 누비고 있어요. 성공한 외식업은 적은 자본으로 심플한 메뉴를 가지고 시작했어요(닭, 돼지, 소, 냉면, 파스타, 스테이크, 커피, 빵 등의 단일품은 수없이 많음).

이탈리안 레스토랑 '사이제리아'의 쇼카키 야스히코는 "상품 수를 줄여서 철저하게 관리하는 것이야말로 가치 있는 요리를 제공할 수 있는 방법이다"라고 말합니다.

소품종으로 가격을 싸게 하고 고품질로 고객에게 제시하면 분명 소품종 대량생산으로 이어집니다. 이것이 우리가 쉽게 말하는 '박리다매'죠. 이익을 적게 보고 많이 파는 것을 말하는데, 지금 이 콘셉트가 세계적인 추세예요.

지금 일본에는 소품종 대량생산으로 외식산업의 생존을 도모하고 있어요. 최대의 소고기덮밥 체인 '스키야' 레스토랑에서는 180엔(2,450원)으로 아침식사를 할 수 있고, 점심도 요시노야그룹의 사누끼 우동 체인점 '하나마루 우동'에서 105엔(1,130원)으로 먹을 수 있어요. 당연히 저녁도 마찬가지예요. 선술집 '이자카야'도 가격인하시대에 들어간 지 오래됐어요. 주말 외식은 '이자카야'에서 식사를 하는 것이 일반화되어 있어요. 패밀리 레스토랑은 재료와

스타일이 있는 소품종 대량생산을 하려면?

- 상품력(맛)을 중요시해야 합니다.
- 식자재를 싸고 신선한 것으로 구입해야 합니다.
- 메뉴의 가짓수가 적어야 합니다.
- 주위에서 이것도 하라, 저것도 하라고 해도 절대 메뉴를 늘리면 안 됩니다.
- 인기 없는 메뉴는 빨리 신 메뉴로 교체하세요.

고정비가 많아 가격인하에 한계가 있지만 '이자카야'는 싼 재료와 싼 인건비로 경쟁력이 있어 주말에는 가족 중심의 패밀리 레스토랑화하고 있어요. 어린이 메뉴도 있어요. 이것이 바로 칩 앤 시크(Cheap & Chic)입니다.

고객을 집에서 끌어내라!

고객을 집에서 끌어내야 외식업에서 성공할 수 있어요. 선진국(유럽, 미국, 일본)은 이미 외식 문화가 일반화되어 있어요.

20년 전이나, 10년 전이나, 지금이나 의, 식, 주 중에서 "어떤 업종으로 창업하고 싶으세요?"라고 물으면 예비창업자의 40% 이상이 외식업을 선호하는 것으로 나타났어요. 창업자들에게 외식업이 문턱이 낮은 선호업종 1위예요. 그 이유는 브랜드가 약한 프랜차이즈를 창업할 경우 창업 자금이 거의 일 억 원 미만으로 창업할 수 있기 때문이죠. 프랜차이즈 본점이 우후죽순으로 생겨나 이름도 모르는 브랜드가 50% 이상이에요. 신문광고에 현혹되어서 월수입 오백만 원에서 일천만 원을 벌 수 있다고 해서 막무가내식 창업을 하지요. 아직도 외식업이 이익률이 높을 것이라는 환상을 바꿔야 합니다.

필자는 막무가내식 창업만 하지 않으면 외식업이 비전이 있다고 봅니다. 그 이유는 2012년 서울시가 발간한 통계웹진 'e서울통계'에 따르면 서울에서 혼자 사는 가구 수가 30년 새 10배로 증가했으며, 네 가구 중 한 가구는 혼자 사는 가구로 조사되었어요. 30년 새 총 가구는

2배로 증가한 반면, 1인 가구 수는 10배 가량 증가하였어요. 이유는 혼인이 감소하고 결혼 적령기가 늦어지는데다가, 이혼이 높고 고령화 사회가 진전됐기 때문이라고 보고 있어요.

더 심각한 것은 팍스(BACS)입니다. 이번에 프랑스 대통령으로 당선된 올랑드와 퍼스트레이디 트라즈바일레. 이 두 사람은 결혼을 하지 않고 동거인으로 살고 있어요. 이 사람들이 바로 팍스예요. 요즘 프랑스에서는 결혼보다 팍스를 택하는 커플이 많다고 해요. 지금 유럽 전지역으로 확대되어 가는 추세랍니다. 사회복지와 세금, 자녀교육 등에서 결혼과 동일한 혜택과 보호를 받지만 당사자와 합의하면 신고만으로 자유롭게 갈라설 수 있는 점이 특징이죠.

한국도 팍스와 비슷한 사례가 있어요. '계약 동거.' 일 년, 이 년 살아보고 결혼을 결정하는 것이죠. 1인 1가구, 2인 1가구 등이 증가하면서 외식도 같이 늘어날 것입니다. 혼자나 둘이서 생활하면서 집에서 거의 식사를 하지 않아요. 그 이유는 식사준비를 하는 식자재 값이 외식하는 것보다 더 비싸기 때문이겠죠. 그리고 귀찮다는 생각이 들 거고요. 특히 남자 혼자 살면서 밥하고, 반찬 준비하고, 설거지도 해야 하고, 여성이든 남성이든 바쁜 직장 생활하다가 집에 들어오면 쉬고 싶어 하지요. 그렇기 때문에 외식을 하고 귀가하지요. 아침 출근 때는 거의 음료수 한 잔으로 때우고 굶은 채로 출근하지요.

2009년 봄 약 1개월간 미국 여행을 하면서 미국 선배님 집에서 주로 생활했어요. 식구는 선배, 형수님, 아들, 딸 등 네 식구예요. 특이한 것은 아침식사를 하지 않고 각자 일터로 출근한다는 것이에요. 필자 역시 선배가 운영하는 회사에 같이 동행하면서 아침식사를 하러 레스토랑에 갔었는데 약 20평 정도 되는 가게에 사람들이 빽빽이 차있었어요. 메뉴는 샐러드, 소시지, 베이컨, 햄, 달걀프라이, 모닝빵, 바게트, 커피, 주스 등 심플한 캐주얼 레스토랑이었어요. 식사를 끝내고 차에서 필자는 미국의 식사문화에 대해 궁금한 것이 있다며 물어 봤죠. 평일은 바빠서 집에서 식사를 못하고 아침, 점심, 저녁을 각자 해결한다고 해요. 그러나 일요일에는 가족과 함께 아침식사를 하고 교회에 갔다 와서 저녁에는 지인들을 초대해서 간단한 파티를 하더라고요. 우리 한국도 미국 선진국같이 외식문화가 발달해 나가고 있어요. 이제는 부부가 같이 일을 해야만 삶의 질을 높이고 품위 유지를 할 수 있어요. 그래서 외식사업이 비전이 있는 사업이에요.

가까운 일본에는 남녀 모두 출근 시 동네 블랙퍼스트 가게에 줄을 서지요. 홍콩, 중국은 오래전부터 출근을 하기 전 아침식사를 집에서 하지 않아요. 지금 세계적인 트렌드는 '소자녀 고령화'가 진행되고 있어요. 아이를 적게 낳고 젊은 사람도 적어지면서 중장년층이 늘어나고 있는 추세입니다. 우리나라의 18대 대선에도 20~30세대보다 50~60세대가 10퍼센트 더 많다고 중앙선거관리위원회에서 발표했어요. 그래서 한국도 앞으로 실버 외식업이 블루오션이 될 것으로 예상됩니다. 일본, 미국, 유럽 등 실버 층이 두터운 나라에서는 이미 외식 실버 마케팅이 일반화되어 있는데, 여유 있는 실버 층은 한 번 흡족하면 충성 고객이 될 수 있어요. 실버 세대의 마음을 헤아리는 따뜻한 감성 마케팅을 하면 효과가 젊은 층보다 배로 일어날 것입니다.

필자의 가게에 오는 손님 중에 70대 초반의 예비역 대령이 있습니다. 토요일마다 부인과 아들, 며느리, 손자, 손녀 등 10여 명이 저녁을 먹으러 오는데 아낌없이 지갑을 열어서 푸짐하게 외식을 합니다. 그리고 60대 후반으로 보이는 멋쟁이 부부도 2~3일에 한 번씩 점심과 저녁을 먹으러 옵니다.

일본 도쿄에 있는 홋카이도 '이자카야'에는 실버 고객을 위하여 낮 시간에도 영업을 해요. 원래 저녁시간에만 영업을 하는데 여유 있는 실버들을 위한

타깃(Target)마케팅을 해서 대성공을 했습니다. 주니어, 시니어, 실버들을 집에서 끌어내면 스타일 있는 외식 창업을 할 수 있어요. 한국도 디저트 가게와 브런치(Brunch) 가게가 생기고 있는 추세입니다.

작은 가게로 본인이 직접 간단히 요리할 수 있는 캐주얼 카페를 추천합니다. 메뉴는 간단해요. 커피 토스트, 달걀프라이, 샐러드, 소시지, 베이컨, 햄 등 누구나 쉽게 할 수 있어요. 이것이 스타일이 있는 외식 창업이며, 비전이 있어요.

엔터테인먼트의 만남과
다양한 화젯거리가 무한한 창의성, 경험,
고객과의 소통, 소셜 미디어에 퍼 나르기 좋게 한다.

sTorytelling

PART 3

리허설을 꼭 하라!

리허설이란 연극, 음악(오페라, 뮤지컬 등), 패션쇼 등 공연을 앞두고 실제처럼 연습을 하는 것이에요. 외식 창업에도 리허설이 꼭 필요해요. 개업날 실수 없이 장사를 잘하기 위해서 연습을 실제와 똑 같은 방법으로 해야 해요. 리허설을 하다보면 무엇이 부족하고, 어떤 곳에 무엇이 있어야 하는지를 알게 되죠. 리허설은 레슨 받은 대로 운영하려는 것입니다. 기간은 약 이틀정도면 부족한 것을 발견할 수 있어요.

필자는 카페를 첫 창업할 때 커피도 추출해서 맛을 봤고, 서빙도 시켜보고, 음악도 틀어보고, 아침저녁으로 청소도 시켜보고, 조명도 켜보고, 간판불도 켜보고 했어요. 리허설은 실제로 들어오는 고객을 상대로 해서 평가를 받는 것이 좋아요. 그러나 공짜로 서비스하면 무조건 좋다고 해요. 그래서 메뉴판에 있는 대로 주문을 받고, 돈도 받아야 해요. 고객에게 필히 리허설을 한다고 말하고 무료 티켓을 서비스하면서 다시 한 번 들러달라고 공손히 부탁조로 말하세요. 이때 무료 티켓은 케이크 한 조각, 마늘빵 한 세트, 샐러드 한 접시 등 간단히 먹을 수 있는 것이 좋아요.

만약 리허설 없이 개업을 하면 분명히 갈팡질팡할 것입니다. 식재료에서 부족한 것이 생길 수 있고, 설비 공사가 잘못되어 배수구에 물이 잘 안 내려 간다던지, 그릇 세척기가 깨끗이 세척이 안 될 수도 있고, 이런 것들을 미리 방지하는 것이 리허설입니다. 필자는 카페를 첫 창업할 때 고객을 상대로 2일간 리허설을 하면서 고객의 동선을 파악했어요. 낮에는 주부 고객이 많았고, 저녁에는 젊은 고객이 많았어요. 리허설을 하면서 중요한 것을 얻은 셈이죠. 고객들이 저녁에 간단히 먹을 수 있는 요리를 많이 요구한 것이었어요. 그래서 젊은 고객이 좋아하는 독일식 수제치즈 돈가스로 간단한 저녁식사 메뉴로 정했어요. 다행히 개업 후 반응이 아주 좋았어요. 전문 레스토랑 리허설을 할 때는 맛에 대한 고객의 기대 가치를 빨리 캐치해야 맛있는 메뉴를 제공할 수 있어요. 어떻게 하면 빠른 서비스를 할 수 있을까를 리허설을 통해 알 수 있게 노력해야 합니다.

준비된 자가 많이 성공한다는 사례를 들어보겠습니다. 프로야구 한화의 김태균 선수는 4년 전 일본(지바롯데)에 갈 때 마음만 앞선 나머지 준비를 전혀 못해서 실패하고 돌아왔다고 하면서 후배 류현진(한화 투수, 현 LA다저스)에게는 충분한 준비를 해서 메이저리그 진출을 하라고 조언했어요. 일본 프로야구의 영웅 스즈키 이치로는 메이저리그 진출을 위해 영어에 능통한 아나운서와 결혼, 미국으로 건너가서 대 성공을 했어요. 최근 미국으로 건너간 다르빗슈 유(텍사스) 역시 체계적으로 준비를 해서 지금 미국 메이저리그에서 최고의 투수로 손꼽히고 있어요. 김태균은 일본에서 만난 외국인 선수들을 봐도 오래전부터 준비해 온 선수들이 성공하더라고 했어요.

리허설은 내 가게의 장사가 잘될 수 있도록 하는 실제와 같은 연습입니다. 패션쇼는 30분, 음악회는 2시간을 위해서 며칠간씩 리허설을 합니다. 예비 창업자 여러분, 평생의 삶을 위해서 2일간의 리허설에 최선을 다하세요. 그래야 성공확률이 높은 외식업을 할 수 있습니다.

스타일 있는 리허설을 하려면?

- 남의 말을 주의 깊게 들어야 하며, 말을 적게 하고 요점만 질문하세요!
- 변명을 하지 말고, 묻지 않는 질문에는 대답하지 마세요!
- 만약 나에게 무엇을 묻는 사람이 있거든 즉시, 간단하면서 진솔하게 대답하세요!
- 알지 못한다는 것을 절대로 부끄럽게 생각하지 마세요!

현수막 드레스로 고객을 유혹하라!

광고와 PR(Public Relation)은 개업 이전부터 고객에게 전달되어야 합니다. 가게 인테리어공사 착공부터 홍보가 필요한데 광고비 없이 홍보 효과를 볼 수 있는 것이 현수막이에요. 수많은 경쟁업체들 속에서 나만의 상품을 알려 고객으로 하여금 자신의 가게에 올 수 있도록 하는 것이 광고의 목적이에요. 가장 적합한 광고는 대형 현수막을 가게 외장에 걸어놓고 실내공사를 하는 방법입니다. 문구내용은 내 가게 메뉴의 특성을 알리는 것이 주목적이지요.

예를 들면 '가출한 스테이크 착한 가격이 되어서 오다'(유럽 전통 스테이크 9,900원) 등 고객이 메리트를 느낄 수 있는 메시지가 필요합니다. 현수막 디자인은 먹음직스러운 메뉴사진을 바닥에 깔고 문구를 넣어야 해요.

또 다른 예를 들면 'C & C 스테이크 하우스'(오픈 예정일 O월 O일, 9,900원)로 스테이크 값을 고객에게 알리는 거예요. 가게 앞을 통행하는 차들은 거의 매일 이 길을 통행합니다. 사람도 목적이 있어서 늘 그 길을 통행하지요. 가게 앞을 통행하는 차 속의 사람, 도보하는 사람 등이 약 몇 개월 눈에 읽힐 수 있어요. 약 5개월 정도 현수막을 붙여 놓으면 틀림없이 개업 때 개업 후

효과가 있을 거예요.

카페나 레스토랑 현수막 광고는 언제 개업한다는 것을 알리는 것보다 내 가게에 어떤 품목을 전문으로 하고, 맛이 있고, 값이 싸다는 것을 알려서 고객의 마음을 사로잡는 역할을 하는 것이 목적입니다. 가게 앞을 지나가는 사람들이 '현수막 문구 참 재미있네. 유럽 정통 스테이크 9,900원 정말 싸네'라는 생각이 들어 고객이 충동을 일으키도록 하는 것이에요.

2008년 이탈리안 레스토랑 'B & PUCCINI' 공사 중 대형 현수막을 한쪽 벽면에 붙여 놓았어요. 내용은 '이 세상에 가장 맛있는 스파게티 그리고 착한 가격'이란 문구를 파스타 사진을 바닥에 깔고 몇 개월 걸어 놓았지요. 개업 날 어디서 사람이 그렇게 왔는지 점심시간에 16개 테이블이 다 차고 자리가 없어서 돌아가는 손님이 많았어요. 그때 개업 때는 지인들에게 개업 사실을 알리지 않았거든요. 이유는 식음료 사업 개업을 많이 해서 부담감을 줄 것 같아서요. 고객들은 한결같이 가격이 싸고, 맛이 있고, 가게 분위기가 너무 좋다는 것이에요. 고객은 개업 날만을 기다렸다고 해요. 그 이유는 '맛이 얼마나 있기에, 값이 얼마나 싸기에' 하면서 매우 궁금해 하였다고 합니다. 그들에 의하면 가게 외부 디자인은 이태리 분위기의 비싼 집으로 느껴지는데 현수막 내용은 착한 가격이라고 해서 오고 싶어 했다고 하더군요.

이미 알려진 프랜차이즈 브랜드는 개업 시 광고를 하지 않아도 맛과 분위기를 고객이 더 잘 알아요. 스타일 있는 오리지널 창업은 가게공사 시작부터 광고와 PR을 해서 고객을 확보해야 합니다. 현수막 디자인은 차별화하여 현수막 전문점에 가서 조금 비싸더라도 고급스럽게 해야 돼요. 그리고 개업 전, 개업 후 약 5개월 이상은 붙여 놓아야 효과가 있어요. 현수막 제작비용은 고급으로 해도 얼마하지 않아요. 대기업, 중소기업, 자동차 대리점, 패션 매장, 화장품 매장 등 신축, 개축 리모델링공사를 할 때는 대형 현수막이 같이 붙여지는 것이 요즘 트렌드죠. 특히 '카페베네' 같은 경우는 연예인 사진을 현수막에 접목시켜 대형 현수막을 붙여 놓고 공사를 하지요.

광고를 하지 말아야 할 것은 도우미를 세우고 춤을 추면서 개업을 알리는 것과 신문 전단지에 넣어서 알리는 것입니다. 스타일이 있는 오리지널 창업에는 맞지 않는 광고예요. 오히려 스타일이 무너져 버려요. 가게 공사를 하는 동안 그리고 공사 후 얼마동안 현수막 드레스를 입혀서 고객을 유혹하세요.

매스미디어와 엔터테인먼트를 잡아라!

매스미디어(Mass Media)를 통해서, 다시 말해서 대중 매체로 자신의 가게를 많은 사람들에게 어떻게든 빨리, 좋게 알리는 것이 중요해요.

자신의 가게를 아무리 스타일 있게 갖추어 놓아도 많은 사람들에게 알리지 못하면 가게의 발전이 늦어질 수 있어요. 그러나 매스미디어를 통해 알려지면 구전으로 빠르게 유명 가게로 소문이 납니다.

대형 프랜차이즈는 광고나 PR(Public Relations) 담당 부서가 있어요. 작은 가게 오리지널 브랜드는 운영하기도 어려운데 어떻게 해야 신문, TV, 잡지에 소개될 수 있을까요? 인테리어와 의상, 음식 맛, 메뉴 가격, 주인의 인품 등 모든 것이 차별화된다면 기삿거리의 기본은 갖추어진 셈이죠. 여기에 주인이 오너 셰프에 요리 맛이 일품이고, 주인의 복장이 차별화된다면 누가 보더라도 기사감이 되어 꼭 다뤄야 할 주목받는 가게가 될 것이에요. 주인이 매스미디어에 종사하는 사람을 잘 알아도 많은 도움이 되겠지요. 미디어에 종사하는 사람을 알지 못하면 주위 지인들에게 소개를 받아서 진행해도 좋은 방법입니다. 내가 하는 외식업에 자신이 있으면 보도자료를 만들어서 문화부 기자, 아니면 편성부에 직접 찾아 가세요. 아마 좋아할 것입니다. 그리고 가끔 기삿거리가 없어서 찾는 수도 있어요.

'광고는 허세고, 미디어 기사는 진실'이라고 고객은 믿어요. 그래서 매스미디어는 고객에게 선입관을 심어주는 향기를 갖고 있지요.

필자는 첫 창업 때부터 지금까지 장사가 잘되든, 안 되든 관계없이 매스미디어와 함께했어요. '이 가게는 누가 운영하는 가게다'라는 것을 고객들에게 알리고 싶고 또 고객이 알고 이용했어요. 일단 가게의 콘셉트가 확실하기 때문에 기삿거리는 충분했어요.

작은 가게이지만 주인이 누구였는데 그 주인이 서빙을 한다, 그 주인이 셰프를 한다는 것에 미디어는 관심이 많아요. 몇 년 전까지만 해도 경북대 이원섭 교수가 운영했던 스테이크 전문점 '바우만'은 미디어의 관심거리였어요. 그 이유는 정년이 보장되는 국립대학교 교수가 명예퇴직을 해서 30평 정도의 가게에서 본인이 직접 요리사 복을 입고 오픈 주방에서 스테이크를 요리하는 것이었어요. 맛도 환상적이고 해서 신문, 잡지, TV에서는 재미있는 기삿거리가 됐지요. 교수가 요리사라는 것에 일단 미디어들이 흥미가 있었던 겁니다.

명예퇴직이나 정년퇴직이나 퇴직은 같아요. 퇴직한 베이비부머가 그 업종에 미쳐서 널뛰는데 미디어에서 그것을 잡으려고 한다는 것을 명심해야 합니다. 그리고 기삿거리는 만들어 나간다는 것도 잊지 마세요.

스타일 있는 가게를 만들어 나가려면 연예인, 스포츠인, 문화인, 작가, 클래식 연주자 등 엔터테인먼트에 종사하는 사람을 단골로 만들어야 해요. 스타일이 있는 칩 앤 시크로 무장해서 작은 가게의 오너 셰

 작은 가게에 유명인이 왔다 갔다 하면 그 사람이 눈에 보이지 않는 마케팅을 해 주는 것이죠. 크고 역사가 있는 가게에서 연예인이나 스포츠인 등 엔터테인먼트에 종사하는 사람 왔다 갔다 하는 것은 별일이 아니죠. 그러나 작은 가게에 이런 사람이 온다는 것은 작지만 대단한 가게라는 것을 고객에게 심어줄 수가 있어요. 이런 사람이 오면 서비스를 많이 하세요. 적은 돈으로 푸짐하게 먹고 가도록 하세요. 분명히 자기 분야에 있는 사람을 또 데리고 옵니다.

'F & P' 카페를 운영할 때 어느 날 주택회사 CF 광고촬영을 할 수 있겠느냐고 전화가 왔어요. 프로야구 이승엽 선수의 부인 이송정 씨가 모델로 한 아파트 분양 CF촬영이었어요. 그 이후 이송정 씨는 친구랑 커피 마시러 자주 왔어요. 그리고 KBS 유정아 아나운서가 진행하는 프로, 타이틀은 지금 기억하지 못하겠는데 녹화를 여기서 했어요. 그리고 양준혁(지금 은퇴 SBS 프로야구 해설가) 선수가 '파스타민' 안으로 들어오면서 "여기가 그렇게 유명한 집인가?" 하면서 삼성 선수들 몇 명과 같이 왔었어요. 이런 사람들이 가게를 빛내주고 PR도 해준답니다.

대구에서 3대째 운영하는 70년 전통의 '국일따로' 식당이 있어요. 이 집에는 유명가수, 배우, TV탤런트, 야구선수, 축구선수, 감독 등 한국에서 유명한 엔터테인먼트들이 대구에 오면 한 번씩 따로 국밥을 먹으러 옵니다. 한 쪽 벽면에는 이들의 사인지로 도배를 할 정도 많이 붙어있어요. 50년 동안 대박 나는 집이에요. 스타일리시한 가게는 엔터테인먼트 몇 사람이 왔다 갔다 해도 유명세를 탈 수 있으니까 기회가 오면 절대 놓치지 마세요. 가장 중요한 것은 그들과 함께 사진을 찍어 놓으세요. 스마트폰으로 사진을 찍어도 깨끗이 잘 나와요. 나중에 벽 한 군데에 붙여놓으면 보기도 좋아요. 사인도 받아놓으세요.

스타일 있게 미디어를 잡으려면?

- 누가 보더라도 기사감이라고 느껴질 정도로 스타일 있는 가게라야 됩니다(맛, 가격, 인테리어, 친절 서비스, 주인의 복장과 인품 등).
- 편집자나 기자가 우연히 와서 취재거리가 된다 싶으면 주인에게 자꾸 말을 붙여요. 그때 눈치를 빨리 체고 명함을 받아 놓고 훗날 전화해서 만나자고 하세요.
- 기자나 편집자가 소문을 듣고 취재하러 올 때 겸손한 자세를 취하세요.
- 엔터테인먼트가 가끔 들르는 가게는 미디어들도 올 수 있으니 몸과 마음으로 친절을 베푸세요.
- 한적한 곳에 칩 앤 시크로 무장한 가게는 눈에 띄기 때문에 기자나 편집자가 좋아 할 수 있어요.
- 문화행사를 많이 개최하세요(작은 음악회, 미술 전시회 등).
- 지인을 통해 미디어에 종사하는 사람을 소개받으세요.

 베이비부머, 스타일 모르고 외식 창업 절대로 하지 마라

사람을 잘 만나라!

우리가 살아가면서 정치, 경제, 사회, 문화, 스포츠 등 모든 분야에서 사람을 잘 만나야 성공한다고 합니다. 외식 창업을 준비하는 본인에게는 모든 것이 생소한 업종의 사람과 첫 만남으로 시작되겠지요. 인테리어 시공사업자부터 기물업체, 요리 선생, 바리스타 등 외식업 창업 관련 모든 것을 취급하는 사람을 접하게 돼요.

예로 필자의 컨설팅 조언을 듣지 않고 창업한 사람과 컨설팅을 듣고 창업한 사람이 있었어요.

커피 전문점 'G 카페' 프랜차이즈를 한다고 선배님 부인이 가게를 구하러 다니고 있었어요. 그때 선배는 고등학교 교장선생님이었어요. 선배 부인은 자식들은 대학을 다니고 해서 시간이 많다며 커피 전문점을 창업한다고 하기에 필자는 적극 반대하였어요. 가장 큰 이유는 프랜차이즈의 지명도, 즉 브랜드 가치가 없어 번창하게 될 본점이 아니고 콘셉트가 망할 집 같은 분위기였어요. 그리고 시간이 많고 해서 커피 전문점을 창업한다는 것에 더 놀라웠죠. 전문가도 사업하기 힘든데 온실에서 생활했던 사모님이 카페를 한다는 것이 과연 승률이 몇 프로나 될까 해서 염려스러웠어요. 그러나 이미 그 브랜드에 꽂혀 있는 상태라서 필자의 말이 귀에 들어오지 않았어요. 가게 입지를 알아보는데 권리금도 있고, 다시 인테리어도 해야 하고, 걱정을 많이 하기에 상가를 매수해서 오리지널 창업을 하라고 했어요. 필자의 말을 들으시고 상가 30평 정도 되는 것을 매수했어요. 오리지널 창업 방법론을 코치해 드렸으나 이미 'G 카페' 대표에게 쇠뇌가 되어 있어서 장벽을 쳐놓았더라고요.

창업을 하고 일 년까지는 품위유지비 등 수입이 있었는데 문제는 'G 카페' 본사가 쇠퇴되어 가면서 3년 후 본사가 망했어요. 늦게 알고 보니 'G 카페' 본점에게 바가지를 썼다는 것을 알았어요. 30평 커피숍 상가를 매수한 값 빼고도 인테리어, 집기 등 1억 5천만 원을 투자했던 것이에요. 오리지널 창업을 하면 그것의 반 정도만 투자하면 더 보기 좋고 장사도 더 잘할 수 있었는데, 누구에게 원망도 못하고 지난해 1월 집기비, 보증금, 월세 등을 얼마 받고 임대를 놓았어요. 지금도 'G 카페' 본사에 바가지를 썼다는 것에 배신감을 느낀다고 해요.

지금 선배 부인의 말씀은 "그때 내가 왜 창업을 했는지 모르겠다"고 하면서 "그냥 카페가 좋고 시간이 있어서 창업하고 싶었다"고 합니다.

이 선배 부인이 'G 카페' 대표를 만나지 않고 필자의 말을 들었으면 바가지를 쓰지 않아도 되었고, 영업을 더 잘할 수 있었겠지요.

수성못 앞에 'K'라는 패밀리 레스토랑이 있어요. 여기 P 사장은 필자와 인연이 있어서 레스토랑 창업에 관한 자문을 받으러 자주 만나러 왔었어요. 3년 전 어느 날 가게가 나왔다고 하면서 위치, 인테리어, 동선 등을 봐달라고 컨설팅 제의가 들어 왔어요. 권리금 얼마, 보증금 얼마라고 하더라고요. 필자는 오후, 저녁, 밤을 나눠서 몇 차례 현장에 가보면서 창업을 하라고 결정을 내려줬어요. 그때 그 장소는 영업이 안 되어서 매물로 나온 가게였어요. 필자의 눈에는 입지가 좋은 곳으로 보였어요. 수성못이 한눈에 들어오는 것이 뷰가 한 폭의 그림이에요.

옛 주인이 스타일을 모르고 영업을 해서 실패를 한 것이지 하드웨어는 엄청 좋았어요. 가게 평수 100평, 주차장 300평인데 스타일이 있게 운영하면 대박 날 것 같이 보였어요. 필자가 이 가게가 탐이 날 정도였어요. P 사장이 인테리어 부분 공사를 하려고 하자, 필자는 반대하였죠. 이유는 아파트나 주택, 상가, 특히 레스토랑이나 카페는 부분 공사를 하면 돈만 들어가고 효과도 없이 오히려 이상하게 변해 버린다는 것을 상세히 설명했어요. P 사장은 알았다고 하면서 계약을 했어요.

계약 후 P 사장에게 스타일 교육을 시켰어요. 여기 오는 고객은 주차장이 크고 좋아서 오는 손님이 많다는 점을 필자는 감을 잡고, 손님 차를 P 사장이 직접 파킹해 주라고 했어요. 고객은 직원들이 파킹하는 것을 불안하게 생각해요. 그러나 주인이 파킹해 주면 차를 안심하고 맡기죠. 주인이란 믿음 때문이겠지요.

파킹을 할 때는 고객이 나가기 편한 방향으로 주차를 시켜 놓으라고 했어요. 눈비 오는 날에는 차가 들어오는 것을 보고 우산을 갖고 나가서 눈비를 맞지 않게 미리 우산을 직접 받치는 것은 물론 고객이 매장에 들어올 때까지 받쳐주라고 했어요. 나갈 때 역시 우산을 받쳐 주라고 했죠. 그리고 인사는 공손하게 미소를 지으면서 90도로 숙여 '조폭 인사'를 하라고 했어요. 50년생이지만 젊게 옷을 입고, 항상 넥타이를 매고, 매너(태도와 버릇)와 에티켓(예의와 의식)을 철저히 지키라고 했어요. 고객 타깃이 분명히 40~60대로 단골 고객을 만들기 쉽기 때문에 그리고 매장이 넓기 때문에 P 사장이 직접 다니면서 무엇이 부족하고 어떻게 돌아가는 지를 철저히 살피라고 했어요. 그리고 이 집은 맛으로 승부가 나는 집이 아니고 서비스로 승부를 걸어야 한다고 했어요.

3개월 후 이 가게는 완전 대박이 터졌어요. 3년 만에 P 사장은 가게 100평을 매수했고, 주차장을 몇 년 더 열심히 해서 매수하겠다고 합니다. P 사장은 자기 브랜드를 갖고 운영하면서 스타일이 얼마나 중요한 것인가를 알게 되었습니다. 이미 P 사장에게 'K' 레스토랑의 스타일을 필자는 다음과 같이 정해 주었지요.

첫째, 서비스에 목숨을 걸어라(막 퍼줘라).

둘째, 주인은 종이다.

셋째, 청결하고 깨끗한 옷차림을 하라.

넷째, 충성 고객을 만들어라.

다섯째, 직원을 진심으로 사랑하라.

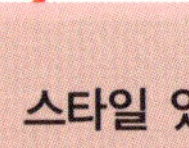

스타일 있게 사람을 잘 만나려면?

- 상대방의 투명성과 신뢰성을 알아야 합니다. 도덕성은 시간을 두고 알아봐야 하겠지요.
- 핵심역량이 얼마나 있는지 주위 여러 곳을 통하여 알아봐야 합니다.
- 인상이 밝고 맑게 생겼는가, 어둡게 생겼는가를 잘 살펴봐야 합니다(옛말에 생긴 대로 행동한다는 말이 있어요).

P 사장은 이 스타일을 100% 적용했어요. P 사장 부부는 필자에게 늘 감사하는 마음을 갖고 살아간다고 합니다.

'스타벅스' 회장 하워드 슐츠는 '스타벅스' 전신인 '일지오날레' 카페를 인수하여 지금의 세계적인 브랜드로 만들었어요. '일지오날레' 카페는 하워드 슐츠를 만나서 글로벌 대기업이 된 것이죠. 빌 게이츠와 스티브 발머가 마이크로소프트를 창업했듯이 누구를 만나느냐에 따라 대박이냐 쪽박이냐가 정해집니다.

마인드를 바꾸어라!

외식 창업을 시작하는 베이비부머들은 그동안 직장에서 인정받은 엘리트들이 많죠. 옛날을 그리워하면서 매너리즘에 빠져 있는 베이비부머는 창업하지 말아야 해요. '장사하는 사람 똥은 개도 먹지 않는다' 라는 옛말이 있듯이 그만큼 힘들고, 속이 썩어 들어간다는 말이에요. 자존심을 버려야 외식업을 운영할 수 있어요. 그동안의 명성, 직위를 다 버리고 고객의 눈높이에 맞추어 고개를 숙이면서 고객의 종이 되어야 해요.

'튜즈데이모닝' 레스토랑 K 대표(1955년)는 건설업에 종사하면서 '명퇴'를 해서 필자가 하고 있는 'F & P' 카페를 2004년도에 인수, 이름을 바꾸어 지금까지 영업을 하고 있어요. K 대표는 예의바른 인사로 소문이 나 있지요. 손님이 차에서 내려오면 90도 각도로 인사를 하고 출입구 문을 열어주면서 테이블 좌석까지 안내해 줘요. 손님이 나갈 때는 차 앞에서 90도 각도로 인사를 하고, 비 오는 날에는 차에서 내리는 손님을 우산으로 받쳐 주면서 레스토랑 입구까지 에스코트하지요. 미국 에티켓은 손님을 현관문까지 배웅하는 것이지만 유대인은 손님을 집밖 거리까지 배웅하라 가르칩니다. 이유는 친절은

끝없는 의무이기 때문입니다. K 대표는 유태인 마케팅을 해서 성공했어요. 음식 맛은 별로인데 친절하다고 소문이 났던 가게예요. 고객은 대접을 받고 싶고, 왠지 조직의 보스 같은 기분이 들어서 많이 찾아간다고 해요. K 대표는 자존심을 다 버리고 손님을 보스로 대하듯 해서 성공을 했어요.

필자가 처음 'F & P' 카페를 창업했을 때를 생각하면 부끄러운 것이 많이 떠올라요. 초여름 저녁 30대 중반 여성으로 보이는 고객 2명이 팥빙수 한 그릇을 주문했는데 아르바이트는 "'일인 일 그릇'이 저희 가게 방침이라서 곤란합니다"라고 했어요. 고객은 "이런 영업방침이 있을 수 있느냐?"라고 목소리를 높이며 "여기 주인 디자이너 변상일 씨가 맞지? 주인이 그렇게 영업교육을 시켰느냐?"라고 물었을 때 아르바이트는 "예!"라고 대답했어요. 그 말을 들은 즉시 고객은 아무런 말없이 나가버렸어요. 뒤늦게 알게 되었지만 그 고객은 단골손님 친구인데 그 이후로 단골손님은 물론이고 주위 사람들 아무도 오지 않았다고 해요. 필자는 '톱디자이너인데'라는 교만심 때문에 필자와 공감대가 맞지 않는 사람에게는 인사도 하지 않았어요. 지금 생각해 보니 아주 교만한 자세였고 너무 부끄러워요. 카페 'F & P' 브랜드는 럭셔리했지만 영업을 성공하지 못했어요. 그 이유는 디자이너란 교만과 자만 때문이었어요.

괴테는 이렇게 말했어요. "사람은 그가 얻고자 하는 것을 용기 있게 구하지 않으면 시들어 버린다. 인생의 가장 큰 곤란은 밖에 있는 것이 아니라 늘 자신의 마음속에 있다. 자기가 희망하는 것을 쟁취해야 한다. 얻으려 하지 않는 그 자체가 불행과 비참의 원인이 된다. 희망하는 것을 구하는 행동이 인생이다. 얻고자 하는 노력이 미약해서 앞으로 나서지 못하는 것이다"라고 했어요. 베이비부머가 외식업을 시작할 때 과거의 명예나 명성, 직위를 버리지 않으면 성공하기 어려워요.

　스타일이 있게 마인드를 바꾼 사례를 들어 볼게요. 〈문화일보〉에 소개된 기사에 의하면 유명 성악가(베이스)에서 이탈리안 레스토랑 오너 셰프로 다시 태어난 이재준 씨는 한국에서 1년 동안 요리학원을 다니고 유명한 이탈리아 요리 연구가들에게 요리를 배웠는데, 초반이 좀 어려웠다고 해요. 요리학원에 들어가면 먼저 청소를 해야 한답니다. 지저분한 것을 깨끗이 해야 요리를 할 수 있기 때문이겠죠. 어느 날 앞치마를 두르고 싱크대를 청소하고 있는데 가슴에서 뜨거운 것이 울컥 올라 왔다고 해요. ‘그래도 내가 대한민국 최고 베이스였는데’라는 생각에 자존심이 상했던 거죠. 지금 돌아보면 그 경험이 자신을 많이 성숙시켰다고 하네요. 앞으로 나가기 위해서는 자존심을 꺾어야 했고, 자존심을 내려놓고 나니 비로소 자신이 보였다고 해요. 그때 누군가 “어떤 상황에서도 변신할 수 있어야 진짜 남자”라고 위로했는데 점점 상황에 잘 적응해 나가는 자신을 보면서 ‘내가 조금 멋져졌구나’라는 생각이 들었다고 합니다. 지금 이재준 씨는 유명 외식업체의 오너 셰프로 소문이 나 있어요.

　긍정적으로 생각하면 내 사업체를 가진 어엿한 사장이라는 것에 자부심을 갖고 외식사업을 해야 실크로드가 보여요. 《죽어도 사장님이 되어라》라는 책도 있어요. 앞으로 30여 년은 일해야 하는 고령사회에 자존심을 버리고, 자부심을 갖고, 재미있게 “천직이다!”라고 외치면서 외식사업을 하세요.

유니폼을 차별화하라!

유니폼은 가게의 얼굴입니다

가게의 매력을 패션 스타일로 만들어 나가야 번창할 수 있어요. 대한민국 직장인의 필독서로 불리는 밀리언셀러 《이기는 습관》의 저자인 전옥표 위닝경영연구소 대표는 "나는 옷차림도 경쟁력이라고 단언한다. 작은 조직일수록 단정하고, 멋스러우며, 산뜻하게 단장해 고객을 감동시켜야 한다"라고 했어요.

옷을 잘 입어서 멋있게 연출하라는 것이 아니고 고객에게 어필할 수 있는 유니폼을 잘 선택하라는 것이에요. 사람은 첫인상이 중요해요. 첫인상은 보통 패션에서 느껴져요. 유니폼은 그 가게의 자존심이며, 고객에 대한 예의라고 할 수 있어요. 작은 가게를 운영하는 오너 셰프는 센스 있는 조리복으로 고객에게 멋쟁이 셰프로 소문이 나야 스타일리시한 가게가 될 수 있어요. 작은 가게는 오픈 주방을 선호하기 때문에 셰프들의 조리복 패션이 차별화되어야 합니다. 기성복 유니폼 조리복은 어느 곳에서나 구입할 수 있어요. 그러나 차별화를 두려면 맞춤을 해야 하는데 맞춤은 예산이 많이 들어가기 때문에 평범한 T-셔츠나 흰 셔츠를 구입해서 자신의 브랜드 로고를 컴퓨터를 이용, 앞가슴에 수를 놓아도 자신만의 오리지널 유니폼이 됩니다. 그 때는 유니폼으로서의 기능 역할을 할 수 있는 활동성을 기본으로 해야 해요. 아무리 디자인과 소재가 좋게 차별화가 되어 있어도 입어서 활동하기에 불편하면 능률이 떨어지고, 얼굴 표정이 짜증스럽게 변하므로 활동성이 가미되어야 합니다.

'맛있는 음식과 미녀들, 시원한 맥주가 있는 곳'을 콘셉트로 하는 미국의 패밀리 레스토랑 '후디스'는 '펀(PUN)'에 중점을 두고 건강하고 섹시한 후디스걸의 경쾌한 이미지로 연출했던 것이 유니폼과 레스토랑의 콘셉트가 잘 맞아 떨어졌어요. 만약 이 레스토랑에서 셔츠 위에 조끼를 입고, 조이 타이를 하고, 긴 팬츠(바지)를 입었다고 상상해 봐요. 부조화겠죠. 시원한 맥주와 맛있는 음식에 어울리는 콘셉트가, 그 집의 트렌드에 맞게 유니폼 코디네이션이 잘 되었기에 고객에게 어필되었던 겁니다.

아무리 작은 가게라도 창업했을 때는 그 가게에 맞는 유니폼을 선택해야 합니다. 유니폼은 첫 번째, 심플해야 하고, 두 번째, 밝고 깨끗한 흰색과 하의는 검정으로 하고, 세 번째, 물세탁이 가능한 것으로 2~3벌 준비해야 합니다. 그리고 주인이 베이비부머라면 아르바이트의 유니폼은 절대적으로 경쾌하고 젊게, 활동성 있는 디자인으로 해야 해요. 예를 들어서 여 종업원 같은 경우 흰색 T-셔츠에, 가슴 부분 명찰에 브랜드 로고를 바닥에 깔고 이름을 넣고, 팬츠는 빨강 핫팬츠로 하고, 신발은 빨간색 운동화, 모자도 역시 빨강색 야구 모자로 하면 가게가 밝아 보이고 왠지 젊은 오빠가 운영하는 집같이 느껴져요. 옷은 값이 싸고 디자인이 좋은 '유니클로'에서 쉽게 구입할 수 있어요. 유니폼이 가게의 이미지와 매출을 좌지우지할 수 있으므로 특별히 신경써야 번성한 가게를 만들 수 있어요.

 베이비부머, 스타일 모르고 외식 창업 절대로 하지 마라

옷이 사람을 바꾸어요

값싸고 럭셔리하게 보이는 유니폼 코디네이션은 외식업체에서 화두입니다. 이유는 외식업에서 유니폼은 그 가게의 정체성이라고 표현할 수 있기 때문이죠. 특히 대기업에서는 직원의 옷차림을 그 기업의 얼굴이라고 생각합니다.

외식업체에서는 비싸다는 이유로 유니폼을 입지 않거나 대충 입는 경우가 많아요. 그러나 지금 경쟁이 치열한 외식업체의 패션은 매출에 큰 역할을 하고 있어요. 보통 유니폼 전문점에 가서 맞춤을 하면 비싸고 사 입을 경우에는 가격이 싼 반면에 개성이 없어서 다른 가게와 차별화가 되지 않아요. 고객의 첫인상에 대한 평가가 그 가게의 이미지를 변화시킬 수 있습니다.

최근 들어 주인이 아르바이트 1명을 데리고 카페나 전문 레스토랑을 운영하는 가게가 많아지고 있지요. 오너 셰프의 레스토랑, 오너 바리스타의 카페는 고객과 하루 종일 접하는 시간이 많기 때문에 유니폼이 이미지 메이킹의 도구이자 중요한 에티켓이에요. 이런 가게일수록 유니폼을 착용하는 순간 나의 몸가짐과 마음가짐이 달라지고 손님을 대하는 태도가 달라져요. 유니폼을 특이하게 차별화되게 입어도 그 가게는 구전으로 소문이 납니다.

외식업은 신선하고 청결한 인상이 무엇보다 중요하고 깔끔한 이미지가 가게의 생명이라고도 할 수 있어요. 유니폼은 최소의 비용으로 최대의 효과를 낼 수 있는 효율적인 마케팅 수단이기도 합니다.

값싸고 쉽게 연출하는 방법을 소개하겠습니다.

레스토랑 예비 창업자 김원수(1950년생) 씨는 필자에게 코디네이션 교육을 받았습니다. 전과 후를 보면 확연히 다른 모습을 볼 수 있습니다. 코디네이션 전 옷차림은 평상복으로 '아저씨'라고 불릴 수 있는 의상으로, 얼핏 노인의 느낌이 들 수 있지만, 코디네이션 후를 보면 젊어 보이면서 고급스럽고, 경쾌하게 활동성이 있어 보여 고객에게 신뢰성이 돋보입니다. 이 의상을 입고 커피를 추출하고 서빙을 하면 남녀노소 모두 거리감이 없어 보이면서 주인이 프로페셔널한 직업인으로 호감을 줄 수 있어요.

흰색 셔츠는 청결을 중요시하고, 빨강에 검정으로 된 나비타이는 열정과 예의를 표시한 것입니다. 허리의 검정색 복띠는 고객에 대한 예의를 표시한 것이고, 팬츠(바지)는 검정 정장 팬츠예요. 신발은 활동하기 편한 스포티한 구두 느낌의 운동화입니다. 모자는 웨스턴 스타일로 활동성이 가미된 라이트 블루(Right Blue)를 선택했어요. 안경을 모자 색상과 어울리는 청색 투톤 컬러 안경테를 끼고 깨끗한 이미지가 묻어나오게 했어요. 모자는 공기가 잘 통하는 소재로 택했죠. 하루 종일 쓰고 있으면 통풍이 잘되어야 하기 때문입니다. 시각적으로 느껴지는 디자인 콘셉트는 고급스러우면서 고객에 대한 친밀도가 있어 보입니다. 아르바이트와 함께 근무해도 어색한 느낌이 없어 보여요. 모자 8,000원, 나비타이 4,000원, 흰색 셔츠 10,000원, 안경 15,000원 등을 포함해서 총 46,000원으로 사람을 바꾸어 놓았어요.

정민권(1953년생) 씨는 카페 예비창업자입니다. 지금 입고 있는 평상복 차림도 깔끔하나, 평범한 '아저씨 스타일'이라서 젊은 남녀가 자연스럽게 가게에 들어가기 어려운 복장입니다.

코디네이션 후 웨스턴 모자를 쓰고, 브라운 뿔테 안경에 파티 드레스셔츠를 입고, 자주색 나비타이와 복띠를 하고, 검정 정장 팬츠(바지)를 입었을 때 고객은 주인을 스페셜리스트(Specialist)로 볼 것입니다. 지금 이 스타일은 클래식 연주자가 연미복을 입은 모습과 같아요. 유럽과 미주 지역의 고급 레스토랑에 이런 복장이 많습니다. 고객에게 최대한 예의를 갖춘 것이죠. 이런 복장으로 커피를 추출하고 고객에게 서빙을 하면 고객은 나이 많은 주인이라

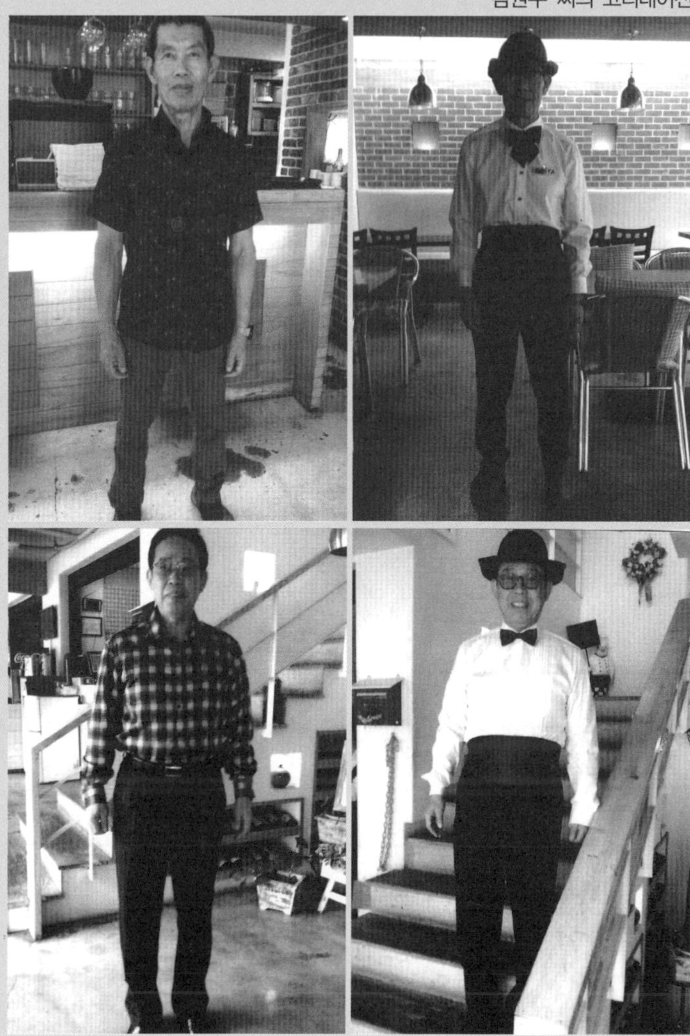

정민권 씨의 코디네이션

해도 좋아할 것입니다. 복띠, 나비타이, 흰색 드레스셔츠, 모자 등을 포함해서 모두 35,000원입니다. 적은 비용으로 럭셔리하게 연출하였어요.

시그니처 스타일(Signature Style)로 무장하세요

시그니처 스타일은 시간의 흐름이나 유행과 상관없이 그 사람만의 취향과 감각을 담아 낸 스타일이며, 옷차림과 머리모양 등 그 사람을 떠올릴 때 가장 먼저 생각나는 외형적인 특징을 말합니다.

마음만 먹으면 유행하는 옷과 액세서리를 사들일 수 있는 것과 달리 시그니처 스타일은 돈을 주고 살 수 있는 것은 아니예요. 매장의 평수에 따라서 직원의 수가 다르겠지만 필수로 주인과 직원은 시그니처 스타일로 무장해야 합니다. 주인이 50대 베이비부머일 경우 옷차림에 전력투구해야 해요. 젊은 20~30대 고객들에게 매장에서 만나는 주인의 옷차림이 고객을 위한 것이라는 것을 인지시켜줘야 하고, 직원 역시 차별화된 시그니처 스타일로 무장해야 우리 가게만의 스타일, 다른 집과 색다른 스타일로 차별화되는 것이에요. 그 이유는 주인이 베이비부머이기 때문에 분위기가 자칫하면 루즈해지기 쉬워요. 차별화된 옷차림을 해야 가게 전체의 분위기를 활발하게 바꾸어 줄 수 있어요.

미국의 정치가이자 외교관이며 과학자인 벤저민 프랭클린이 남긴 말이 있어요. "직원의 옷차림은 기업의 얼굴, 너 자신을 위해 입지 말라. 먹는 것은 자기가 좋아하는 것을 먹되 입는 것은 남을 위해 입어야 한다." 한마디로 옷만큼은 너 자신을 위해 입지 말라는 이야기죠. 하는 일에 맞는 옷차림은 고객에 대한 최소한 예의입니다. 프로페셔널한 직업인으로서 누구에게나 호감을 줄 수 있는 용모와 일하기 편하고 기능적인 옷차림이 좋아요.

 베이비부머, 스타일 모르고 외식 창업 절대로 하지 마라

옷차림은 신분의 표상, 마음가짐, 행동 여부를 결정짓는 역할도 하지만 전략적인 역할도 합니다. 《삼성처럼 일하라》라는 책을 보면 옷 잘 입는 법 등을 엿볼 수 있습니다. 식음료 전문 단체복에서 옷을 구입하면 평범하고 오리지널틱한 스타일이 없어요. 패스트 패션숍(유니클로, H & M 등)에 가면 주인이나 직원에게 맞는 옷들이 많습니다. 이 옷을 구입해서 옷 위에 자신의 브랜드 로고를 실크스크린해서 입으면 시그니처 스타일로 태어날 수 있습니다.

만화가 송윤신 씨는 10대 전·후반을 위한 패션 코디네이션 책을 내 놓으면서 10대들의 패션에 자신감을 주고 있어요. 《패션 코디 잘하는 아이, 패션 코디 못하는 아이》란 책의 내용을 보면 누구나 주변 사람들로부터 주목받고 싶은 마음이 있다고 합니다. 특히 패션에 관심을 갖기 시작한 십대 전후에는 친구들로부터 내 패션에 대한 칭찬의 말을 듣고 싶어 한답니다. "그 옷 너에게 정말 잘 어울린다, 오늘 패션 멋진데?" 이런 칭찬을 들으면 괜히 어깨가 으쓱해지고 하루가 즐거워진다는 말이죠.

그럼 어떻게 하면 나만의 패션 스타일을 당당하게 표현할 수 있을까요?

송윤신 씨가 주장하는 것은 첫 번째, 진정한 패션 스타일은 자신을 아는데서 나오고, 두 번째, 유행에 지나치게 연연해서는 안 되며, 세 번째, 패션에 있어서 자신감이 꼭 필요하다는 것입니다.

그는 "이 책을 통해 나만의 패션 스타일을 당당하게 표현할 줄 아는 여러분이 됐으면 좋겠습니다"라고 밝히고 있습니다. 10대 전후 아이들도 나만의 패션 스타일, 다시 말해서 시그니처 스타일을 강조하고 있는 셈입니다.

〈조선일보〉 2012년 8월 20일자 기사를 보면 이런 기사가 있습니다.

"저는 예쁘게 꾸미는 걸 좋아해요. 학교도 경기미용고등학교를 졸업했어요. 원래 꿈은 네일아트(손톱화장) 전문가가 되는 것이었어요. 여기서는 아침에만 잠깐 화장을 해요. 그래봐야 금방 땀으로 범벅이 되니까요.”

김선미(23) 씨는 휠체어 펜싱 선수예요. 국내에서 유일하게 펜싱종목 대표 선수로 런던올림픽에 출전합니다. 그녀는 장애를 타고 나지 않았어요. 교통사고로 한 쪽 다리를 절단해야만 했죠. 한 쪽 다리가 없는 김선미 씨는 자기만의 패션이 있어요. 나의 멋있는 스타일을 강조하기 위해서 훈련 중에도 예쁘게 꾸미고, 귀걸이도 하고, 문신도, 그리고 화장도 해요. 김선미 씨는 다른 장애 선수와 차별화된 시그니처 패션 스타일을 즐기고 있어요.

예비 외식 창업자 여러분도 스타일이 넘치는 자신의 가게에서 시그니처 패션으로 무장하여 나만의 꽃이 되어야 합니다.

예비 창업자 김석규(1963년생) 씨는 오너 셰프인데 조리복을 차별화하면서 큰돈을 들이지 않고 시그니처 스타일로 코디네이션해 보았어요. 주방은 ㄷ자로 된 오픈 주방이기에 하루 종일 고객과 함께 하지요. 지금 입고 있는 옷 그

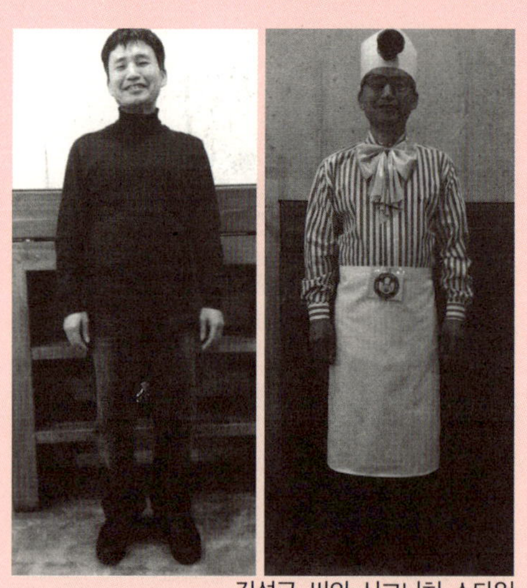

김석규 씨의 시그니처 스타일

대로 고객 앞에서 요리를 할 때와 코디네이션한 후 고객 앞에서 요리할 때는 많이 다릅니다. 흰색 모자 앞에 흑장미 한 송이를 꽂고 '고객을 사랑합니다'라고 연출하였습니다. 칼라에는 옅은 그레이 리본을 달아서 부드럽게 보이면서 좀 더 발랄한 셰프의 모습으로 변화를 주었지요. 이러면 고객이 느끼는 가게의 믿음이 처음과는 많이 달라질 것입니다. 모자와 흑장미, 셔츠, 리본, 앞치마 등 모두 19,000원의 비용이 들었습니다.

크리에이터(Creator)가 되어라!

외식사업은 비전이 있는 사업이에요. 그러나 창의력 없이는 경쟁이 치열한 '외식전쟁터'에서 살아남기 힘들어요. 창의력은 고정관념을 깨느냐 마느냐의 차이에 귀결되어요. 창의력이 뛰어난 사람일수록 비약의 발상을 하지요. 그들의 아이디어가 혁신적인 평가를 받은 이유는 고정관념을 깨는 발상을 하기 때문이에요.

스티브잡스가 키보드가 필요 없는 아이패드를 만들자고 제안했을 때 참모들 대부분이 그런 컴퓨터는 만들 수 없다고 했어요. 그러나 누워서도 문자를 입력할 수 있는 키보드 없는 컴퓨터를 만들었어요. 창의력은 선천적으로 타고난다고 생각하기 쉽지만 일정하게 정해진 훈련 프로그램에 의해서 얼마든지 높일 수 있는 것이 창의력이에요.

에디슨은 "천재는 1퍼센트의 영감과 99퍼센트의 노력으로 이루어진다고" 했어요.

필자는 셰프 출신이 아니예요. 그러나 음식의 맛을 구별할 줄 아는 미식가라고 할 수 있어요. 어느 날 카르보나라 스파게티를 먹으면서 크림소스에 삶은 돼지고기 삼겹살을 가늘고 길게 썰어서 섞어 먹으면 와인 안주로도 좋겠다 싶었습니다. 그래서 셰프에게 부탁을 해서 시식을 했어요. 크림소스 + 베이컨 + 팔마산 치즈 + 통후추를 넣어 만든 것이 카르보나라 스파게티예요. 여기에 삶은 돼지고기 삼겹살을 코디네이션을 한 것이죠. 맛은 환상적이며 레드와인과 곁들여 먹으니까 더욱더 맛이 있었어요. 이 메뉴는 사전에 예약만 받아요. 와인과 함께하는 손님에게만 한정 판매를 하기 때문이에요. 이유는 값이 일반 스파게티보다 비싸고 와인 고객에게 예우를 해 주는 것이에요. 이것이 바로 창의력이라고 할 수 있어요.

창의력이라고 해서 획기적인 것이 아니예요. 우리 주변 작은 곳에서 우연히 오는 것도 있어요. 그것을 빨리 내 것으로 만들어야 해요. 우리가 즐겨 먹는 포테이토칩은 조지 크럼이라는 요리사가 우연히 찾아온 황금의 기회를 역발상시킨 작품이죠. 1853년 여름, 미국 뉴욕 부근의 사라토가 스프링스라는 곳에 위치한 아주 작은 레스토랑의 요리사였던 조지 크럼의 성격은 매사에 긍정적이며 발랄했어요. 어느 날 즐거운 마음으로 손님에게 주문받은 감자 요리를 내보내었죠. 그러나 얼마 후 식당을 흔드는 고함소리가 들렸어요. 조지 크럼은 놀라서 그 손님이 있는 곳으로 달려 나갔어요. 이유는 감자튀김요리가 너무 두껍다는 것이에요. 손님이 얇게 해서 다시 가져오라고 소리를 질렀어요. 긍정적인 마인드를 가진 조지 크럼은 역발상으로 감자를 최대한 얇게 썰어서 기름에 튀긴 후 손님에게 가져갔어요. 포크로 집을 수도 없을 만큼 얇게 썰었어요. 손님은 너무 얇게 썬 튀김 감자를 포크로 집었는데 부서져 버렸어요. 그래도 손님이 호기심에 손으로 먹었어요. 잠시 후 그 손님의 얼굴에 미소가 번지기 시작했어요. 손님은 이 요리를 만든 요리사를 불러 달라고 했어요. 조지 크럼은 또 놀라서 당장 달려갔어요. 손님은 "당신의 요리 솜씨는 정말 대단합니다. 내 평생 이렇게 맛있는 음식은 처음입니다. 도대체 감자를 어떻게 이렇게 얇게 썰었습니까? 정말 맛있습니다." 그 손님은 엄지손가락을 위로 올리며 외쳤어요. "원더풀!" 그것은 요리사에게 해 주는 최고의 칭찬이지요.

조지 크럼은 연구에 연구를 거듭한 후 그 식당의 정식 신 메뉴로 선보였어요. 사람들은 난생처음 맛보는 바삭함과 고소함에 매료됐고, 히트 메뉴가 되었어요. 얼마 후 조지 크럼은 창업을 하였어요. 이 포테이토칩으로 인해 조지 크럼이 뉴욕에 차린 레스토랑이 폭발적인 인기였어요. 우연히 찾아온 기회를 놓치지 않고 성공의 발판으로 만든 것은 조지 크럼의 역발상 창의력입니다. 스타일 있는 창의력은 연구하고, 실험하고, 고정관념을 깨는 발상으로 연구하면 나만의 메뉴가 탄생될 수 있어요.

문화의 향기를 날려라!

카페는 이제 문화를 창출하는 자리로 매김하고 있어요. 다시 말해서 문화를 파는 가게를 만들어야 해요. 다양한 강좌, 작은 음악회, 작은 사진전, 그림 전시회 등, 단순히 커피와 차를 마시는 공간을 넘어서 문화의 향을 날리는 공간이 되어 가고 있어요. 카페에서 새로운 문화의 향을 날리면 자연히 고객에게 소문이 나서 좋은 이미지로 고객이 찾아와요.

필자는 지금까지 카페와 레스토랑을 운영하면서 작은 음악회와 패션쇼, 사진전, 어린이 그림전 등 많은 문화공간으로 향기를 날렸어요. 특히 기억에 남는 것은 '비 앤 푸치니' 레스토랑에서의 유치원생 그림전시회였어요. 이 주위엔 초등학교 2개, 유치원 2개가 있어서 어느 날 유치원 선생님이 여기에서 유치원생 그림 전시회를 하면 어떻겠느냐고 묻기에 흔쾌히 좋다고 했어요. 오픈 날짜는 선생님이 정하고 오프닝 타임은 필자가 오후 5시로 했어요. 그 이유는 이 시간 때는 식재료 준비시간이라서 조용한 시간에 오프닝을 하면 원생 학부모들만의 시간이 되고, 오프닝이 끝나면 여기서 바로 저녁식사를 하게 되지요. 그리고 약 30일 동안 그림 전시회를 보려고 엄마 친구, 원생 친구들, 아빠

카페에서의 패션쇼

친구들이 점심과 저녁을 먹으러 와서 매출을 올려줘요.

요즘 백화점과 병원 등에서도 문화행사를 많이 하지요. 대관료도 없고 대중과 함께 하기 좋기 때문이죠. 특히 병원에서 음악회와 미술전시회를 많이 하는데 고객유치를 하기 위한 마케팅 수단이기도 하지요. 지인이 운영하는 KMG병원은 문화의 향기를 날리는 병원으로 소문이 나 있는데, 필자도 가을과 겨울 패션쇼를 이 병원에서 한 적이 있어요.

우리는 지금까지 큰집, 큰 차, 큰 레스토랑, 큰 카페 등 무조건 큰 것을 좋아했어요. 그러나 서서히 실용적인 바람이 불고 있어요. 체면을 중시하던 우리의 문화에 커다란 변화의 바람이 불어오고 있는 것이죠. 작고 단순한 카페와 레스토랑, 작은집, 작은 승용차를 선호해요. 집은 투자 목적에서 실속 있는 거주 목적으로, 승용차는 유지비가 적게 들어가는 자동차로, 레스토랑은 값이 싸고 맛있는 작은 곳을 추구하는 실속주의로 바뀌어 가고 있어요. 이제 사람들의 의식수준이 높아졌기 때문에 작고 심플한 레스토랑이나 카페에서 문화를 접하면서 즐겨요. 레스토랑과 카페에서 문화행사를 하면 원원(Win-Win)할 수 있죠. 개최자는 대관료가 없고 가게는 관람객으로 가게를 알려 장사에 도움이 되고, 주인의 퀄리티도 높아지게 되어요.

서울 상수동에 있는 작은 카페 '로뎀 나무아래'에서는 사진 전시회를 정기적으로 개최하고 있어요. 이곳은 아마추어 작가의 등용문이기도한 장소입니다. 경기도 양주시에 있는 카페 '다락방'도 미술 전시공간으로 사랑받고 있어요.

스타일 있는 문화의 향기를 날리려면 작은 가게의 인테리어를 칩 앤 시크로 무장해 놓으면 문화적인 행사를 하자고 프러포즈가 올 거예요. 아니면 본인이 개최하여 문화의 향을 날리세요. 자신 스스로 평상시 좋아하고 취미생활 했던 것을 잘 이용해도 이벤트가 될 수 있어요. 그리고 미디어를 끌어들일 수 있는 기회도 만들어져요.

아마 고객은 단순한 장사꾼으로 느끼지 않을 것입니다. 식음료를 팔면서 그 이상의 가치를 만들어 낸다면 그것이 바로 브랜드 가치를 올리는 것이죠.

아이를 잡아라!

필자는 스파게티를 좋아해서 점심을 거의 스파게티로 해결해요. 여기('Pastamin')의 맛은 남녀노소가 즐길 수 있는 맛이에요. 스파게티를 싫어하는 사람도 여기 스파게티를 먹고 맛에 대한 새로움을 알게 되어요. 점심시간에 자리가 없을 정도로 많은 사람이 스파게티를 즐겨요. 주위에 오피스 빌딩도 없고, 공장도 없고, 학교도 없고, 관공서도 없어요. 그런데 여기에 있는 손님의 80% 이상이 30~40대 엄마들이에요. 물론 엄마들만 있는 것이 아니고 아이들이 엄마 곁에 앉아서 스파게티를 즐기고 있어요. 자녀를 동반한 엄마들의 모임장소로도 많이 이용되고요. 특히 아이들이 즐기고 좋아하는 메뉴는 스파게티와 피자죠. 여기에 점심 먹으러 오는 손님의 반 이상이 아이들이 가자고 해서 왔다고 해요. 이제는 아이들이 좋아하는 곳에서 엄마들의 모임을 많이 해요.

최근 레스토랑과 카페에서는 여성 고객과 어린자녀들을 동반한 고객들에게 차별화된 마케팅을 하고 있어요. '파스타민' 주위에는 한국을 대표하는 카페가 많이 모여 있어요. 필자는 지인과 스파게티를 먹고 주위에 있는 카페에 커피를 마시러 갔어요. 점심 먹고 디저트로 커피를 마셨는데도 카페 문화를 접하려고 2차로 커피를 마시러 갔어요. B 카페에 갔었는데 평일 점심 오후인데도 손님이 많았어요. 그런데 조금 시끄러운 소리가 귓가에 들렸어요. 어린아이들의 소리와 엄마들의 수다 떠는 소리였어요. 여기에도 자녀들을 동반한 엄마들이 많이 모였어요. 영업이 잘되는 업체는 점심시간에 여성 고객이 70%를 넘어요.

지금은 어린아이들까지 고객이에요. 패밀리 레스토랑에만 어린아이를 위한 마케팅을 하는 것이 아니고 지금 카페에는 키즈(KIDS) 메뉴들이 속속 등장하고 있어요.

CJ그룹에서 운영하는 카페 '투썸플레이스'는 음료 크기를 줄이고 값을 50% 절반으로 한 어린 아이들의 메뉴 베이비치노(커피는 전혀 들어가지 않고 우유거품에 마시멜로 하나를 넣고 초콜릿 파우더 스프링쿨을 뿌려 장식해서 마시는 우유거품), 베이비라떼(따뜻한 스팀밀크에 달콤한 바닐라 시럽을 넣고 우유거품을 가득 채운 뒤 마시멜로우를 얹은 것)를 출시하여 어린이를 동반한 엄마들에게 많은 관심을 받고 있어요.

이밖에도 '카페베네'는 어린이 전용메뉴 초코바나나 카푸치노(베이비치노와 비슷하다)와 초코퍼(코코넛과 우유와 망고를 섞어서 쉐이크같이 부드러운 맛)를 출시했고, '탐 앤 탐스'는 메뉴를 제공하는 대신, 매장 내에 어린이 놀이방을 설치했어요. 일반음식점에서나 볼 수 있는 놀이방을 이제 카페에도 설치하여 어린아이를 동반한 엄마들에게 편안하게 카페문화를 즐기게 합니다.

결국 점심시간에 매출을 올리려면 어린아이를 동반한 엄마 고객들에게 전력투구를 해야 해요. 점심때와 오후에 매출이 많은 가게가 장사가 잘되는 곳이죠.

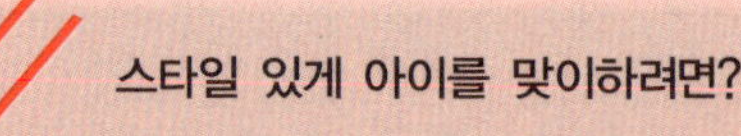

앞으로 레스토랑과 카페 식음료 사업에 어린아이 메뉴가 등장하므로 영업에 큰 영향을 미칠 것입니다. 어린아이를 VIP 고객으로 보고 어린아이들을 위한 카페와 레스토랑 문화를 창출해 나가도록 더 노력해야 해요.

카페를 사랑방으로 만들어라!

한국의 카페는 옛날(1930~70년대)에 다방이라고 불렀어요. 음악이 흐르는 다방에서 많은 담소와 추억을 남겼죠. 그것이 바로 사랑방입니다.

일본 최고의 카페 '도토루' 회장 토리바 히로미치는 "카페란 한 잔의 맛있는 커피를 통해 사람들에게 안식과 활력을 안겨주고 고객을 건설적인 방향으로 인도하는 곳이어야 한다"라고 했어요.

200~300년 전 유럽 카페 문화를 보면 대부분 문학가와 음악가, 화가, 학생 등 자유인이 모이는 장소였어요. 하물며 모차르트는 자기의 고향 잘츠부르크 어느 카페에서 작곡을 했다고 해요. 필자도 몇 년 전 오스트리아 여행 때 그 카페를 찾아서 본토 비엔나커피를 마셔봤어요. 그 카페는 세계 최고의 지휘자 카라얀 저택 앞에 있어요.

이제 우리나라도 카페를 이용하는 사람이 학생은 물론 전문직에 종사하는 사람들의 비즈니스와 젊은이들의 데이트 장소, 그리고 독서 등을 하는 사랑방이 되어 가고 있어요. 카페를 사랑방으로 만들려면 주인의 마음이 순수하고 깨끗하고 긍정적이어야 합니다. 늘 맑은 얼굴과

'F & P' 카페에서의 작은 음악회

해맑은 미소가 있어야 합니다. 그러나 걱정이 있으면 웃음도 쓴 웃음으로 변하고 비웃음으로 보일 수도 있습니다. 따라서 근심과 걱정, 불안, 두려움, 초조, 염려 등은 모두 버리고 항상 긍정적인 마음을 갖고 고객을 맞이해야 합니다.

'F & P' 카페를 운영할 때는 작은 음악회를 가끔 열기 때문에 음악인들의 자연스러운 만남의 장소가 되었어요. 사람 냄새가 물씬 풍기는 사랑방으로 만들고자 음악협회 후원자가 되기도 했고요. 서비스는 맑은 마음에서 나와야 표정도 밝아집니다.

서울 강남역 부근은 카페 천국이지요. 유명 브랜드들이 다 모여 있죠. 필자는 대형 프랜차이즈 카페는 싫어하지만(싫어하는 이유는 커피 맛이 없어요), 그날은 우연히 S 카페에 커피를 마시러 갔습니다. 그런데 '어, 왜 이렇게 조용할까?' 왠지 절간 같은 고요한 적막이 흐르는 것이 아닌가. 필자가 놀라서 뒤를 보고 주위를 살펴보았더니 고객들로 가득 차 있었어요. 거의 학생들로 보이는데 탁자 위에 커피 한 잔을 두고 책을 보고 있었어요. 10월 초순경 대학 중간고사 기간이라서 시험공부를 하는 것 같았어요. 이제는 책을 봐도 잔잔한 음악이 흐르는 공간에서 커피를 마셔가면서 자기만의 생활을 누리는 것이죠. 바로 이것이 사랑방입니다. 사랑방 마담의 얼굴은 무조건 밝아야 손님도 편안한 느낌으로 커피를 마시며 책을 보고 즐길 수가 있습니다. 그 S 카페에서 커피를 추출하는 사람은 중년 남성이었는데 해 맑은 얼굴에 잔잔한 미소를 띠고, 메뉴 주문을 받고, 계산도 하더라고요. 오너 바리스타는 따뜻한 사랑방을 만들기가 쉽습니다.

카페가 사랑방이 되는 이유가 있습니다. 레너드 스윗(Leonard Sweet) 박사는 "커피는 청량음료와 달리 창의력을 키워주고 피로를 쫓아내기 때문에 손님 접대용 음료이자 환영과 나눔의 표시이다. 맛있는 커피를 마시면서 좋은 이야기를 나누는 것은 내 삶의 가장 큰 즐거움이다"라고 했어요.

미국 펜실베이니아주 스크랜턴대학교의 조 빈슨(Joe Vinson) 교수의 연구와 독일 뮌스트대학교 식품화학연구소의 책임자이자 교수인 토마스 호프만(Thomas Hofmann)의 연구 조사를 보면 "커피에는 과일이나, 채소나, 견과류보다 더 많은 노화 방지 물질이 담겨 있다고 한다. 하루에 6잔 이하의 커피를 마시면 파킨슨병, 간암과 결장암, 간경변, 당뇨병에 걸릴 확률이 줄어들고, 신진대사가 빠른 사람의 경우에는 심장마비도 예방할 수 있다. 또한 커피는 남성 생식력을 증강해준다"라고 했습니다.

  베이비부머, 스타일 모르고 외식 창업 절대로 하지 마라

고객과 코디네이션 하라!

베이비부머가 외식업을 운영하면 단골 고객을 얼마나 많이 만드느냐에 따라서 승패가 달려 있어요. 오리지널 창업은 고객과의 대화에서 뜻이 서로 통하면 한 번 왔던 고객이 두 번 올 수 있고, 세 번, 네 번 찾아주면서 단골 고객이 되는 거예요. 이유는 커뮤니케이션이 잘되고 재미있고, 즐겁고, 고객을 알아주기 때문이죠. 고객들과 쉽게 소통할 수 있는 주인의 마인드가 필요합니다.

장사가 잘되는 집은 주인이 고객의 이름, 아니면 성을, 그리고 직업도 알아요. 이유는 소통이 되었기 때문이죠. 특히 오너 셰프인 경우에는 고객과 대화할 시간이 많아요. 오는 고객에게 꼭 명함을 주고받아야 합니다. 그래야만이 이름도 알고, 직업도 알고, 연락처도 알아서 몇 달에 한 번씩 깜짝 서비스도 할 수 있어요.

다음에 고객이 찾아 왔을 때 "정 사장님, 안녕하세요?", "부장님, 오랜만입니다", "철수 씨, 요즘 인물난다. 애인 생겼어?" 등 친밀한 언어를 던질 수가 있어요. "이 여사님, 오늘 럭셔리합니다. 친구 분들도 다들 멋쟁이시네요!"라는 등 관심을 가지는 것이 바로 고객과 코디네이션 하는 것입니다.

필자는 우리 가게를 찾아주는 고객에게는 필자의 소개를 하고 명함을 건네지요. 그러면 대부분 상대방도 명함을 주거나 악수를 하면서 "나 김철수입니다"라고 답하지요.

오리지널 창업에서 중요한 것은 상대를 알아주는 것이에요. 패밀리 레스토랑이나 대형 프랜차이즈 카페에 가면 대부분 젊은 사람이지요. 이런 곳에는 그냥 친절만 있고 미소만 띄워요. 고객의 직업, 이름을 알려고 하지 않아요. 이름도 모르고 직업을 몰라도 장사가 잘되기 때문이지요. 그 이유는 브랜드를 보고 브랜드와 함께 즐기러 온 것이겠지요. 그러나 자신만의 오리지널 브랜드를 갖고 장사를 하려면 주인이 고객과 코디네이션이 있어야 해요. 어떤 면에서는 가족 같은 느낌도 들어야 합니다.

지난 2003년 4월초, 문화회관에서 공연을 마치고 테너 I 씨(2007년 사망)와 동행하고 온 터키 음악인이 있었어요. 마침 필자는 그해 3월 터키를 혼자 배낭을 울러 매고 여행을 갔다 왔을 때였습니다. 필자도 반가웠는데 터키인이 필자를 더 반가워했어요. 우리는 잠깐 동안 대화를 나누면서 필자가 와인 한 병을 서비스했지요. 그러면서 "터키는 역사적으로 알렉산더제국에서부터 로마제국, 오스만제국까지를 거친 세계 강대국이었다. 그리고 기독교 역사가 있는 나라"라고 이야기하니까, 그가 엄지손가락을 내밀며 최고라는 예의를 표시하더군요. 이 터키 음악인은 터키에 돌아갈 때까지 매일 저녁마다 필자의 가게에 와서 와인과 맥주를 먹으면서 즐기고 돌아갔어요.

2006년 오스트리아 여행 중 잘츠부르크에서 약 한 시간 정도 떨어진 레스토랑에 저녁 식사를 하러갔어요. 가는 도중 가이드가 이 레스토랑에는 미국의 클린턴 전 대통령과 '마이웨이'를 부른 푸랭크 시나트라, 영화배우 아놀드 슈왈츠제너거(캘리포니아 주지사) 등 유명 인사들이 왔다갔다는 것이에요. 마당이 넓고 시골냄새가 풍기는 이곳의 실내 인테리어는 엔틱스러웠어요. 역사가 150년이나 되었다고 해요. 우리 일행 중에는 로케트건전지의 사장도 있었어요. 이 사람이 식사를 끝내고 와인 한 잔을 하면서 슈베르트의 '겨울 나그네' 중 보리수를 70대 중반 정도로 보이는 현지 바이올리니스트의 연주에 맞추어서 불렀어요. 그때 레스토랑 주인이 와서 바이올린 연주에 맞추어서 아리랑을 부르며 화답을 하더라고요. 우리는 모두 합창을 하였지요. 이 레스토랑이 유명할 수밖에 없었던 이유는 주인이 고객과 코디네이션을 잘 만들어 가는 것이었어요.

2012년 초 눈이 많이 내렸던 토요일 오후, 서울 서초구 서래마을 프랑스학교 부근의 'S 브런치' 카페에서 보기 싫은 광경을 보았어요. 여성 직원 2명이 서로 계속 말을 주고받는 것이에요. 손님이 가게에 들어올 때는 그 순간 잡담을 멈추고 틈이 생기면 또 잡담을 하는데 고객을 무시하는 행동으로 보였어요. 플라톤은 "현명한 사람들은 할 말이 있을 때만 말한다. 바보는 말해야 하기 때문에 말한다"라고 했어요. 주인같이 생긴 사람은 보이지 않고 직원만 있어서 그런지, 이 가게는 '소통'이 '불통'으로 변하여 고객에게 에티켓이 없어 보였어요. 스타일이 있는 가게는 필히 주인이 있어서 소통을 통해 단골 고객을 만들어 나가야 합니다.

나를 사랑하고, 내가 하는 일과 고객과 종업원을
사랑하고 배려하는 것이다.

Love

PART 4

개업식은 나누어서 하라!

보통 개업식 날을 잔칫날로 착각하고 가게 밖에는 화환으로 둘러 싸여 있고, 실내는 완전 장터가 됩니다. 그러나 다음 날은 쥐 죽은 듯이 조용하죠. 일반 개업식 날 풍경입니다. 이것이 바로 스타일 없는 개업식이에요.

창업자는 직장에서 수십 년 간 일에 매달려서 살아오다가 난생처음으로 외식업을 창업해서 개업하는데 아무래도 초대할 사람이 너무 많아서 행복한 고민에 빠지게 됩니다. 50대 중후반까지 살아오면서 그동안 직장동료, 선후배, 초중고·대학교 동창들 등 많은 인맥을 쌓아왔겠죠. 특히 부인 친구, 학부모 모임, 자식 친구들까지 생각해보면 참으로 많은 사람들이 개업식 날에 초대됩니다. 이런 많은 사람들을 하루에 다 초대하면 축하객에게도 실례가 되고 자신의 가게를 알리기에도 역부족이에요. 조용한 분위기 속에서 축하의 대화가 오가고, 주문한 메뉴도 서두르지 않고 맛있게 제공할 수 있어야 합니다. 그래서 개업식 날은 약 일주일 정도로 나누어서 하는 것이 차분한 분위기 속에서 알차게 할 수 있습니다. 그러면서 매상도 올리고 축하객에게 자신의 가게 자랑도 할 수 있겠지요.

그래서 첫날은 직장동료와 선후배, 다음 날은 부인 친구와 부인 동창, 아파트 모임, 학부모 모임, 또 하루는 초등학교 동창들과 또 다른 하루는 중고등학교 동창들, 다음 하루는 대학동창과 자신이 직장생활을 하면서 알게 된 거래처 사람들, 그 다음 하루는 사회에서 만난 지인들과 사회단체모임, 이어지는 다음 하루는 자식들 친구와 동창들 순으로 이렇게 나누어서 하면 바쁘지 않기 때문에 서두르는 것이 없고 실수도 없습니다. 그렇게 하면 무엇보다도 제일 중요한 식음료를 맛있게 낼 수가 있습니다. 그리고 축하객과 잠시 앉아서 앞으로 도와달라는 진심어린 부탁도 할 수 있고요.

반대로 하루에 모두 초대하면 메뉴도 엉망이고, 불난 집같이 열만 받고, 소득도 없고, 70~80%는 그냥 돌아가 버려요. 개업식 날을 며칠로 나누어서 하면 차분히 매출도 올릴 수 있어요. 그날은 방문객들도 일부러 먹고, 마시고 음식을 팔아주려고 찾아 온 것이에요. 차분한 개업식 날 속에서 뜨내기가 들어오면 혼신의 힘을 다해서 정성과 서비스, 친절을 총동원해서 자신의 가게를 알려야 해요. 개업손님이 많아서 두서가 없으면 뜨내기손님에게는 자연히 관심이 멀어지기 때문에 그 손님도 가버리고 말아요. 장터 같은 느낌이 들기 때문이죠. 개업식 날이 장사의 첫 걸음마이기 때문에 아주 중요한 날이에요. 개업식 날 메뉴가 맛이 없으면 아무리 친한 사람도 두 번 다시 찾지 않는 것이 비정한 외식사업입니다. 필자의 말을 명심하시길 바랍니다.

필자는 처음 카페를 창업하였을 때 일주일 정도로 나누어서 조용조용하면서도 편안하게 개업식을 치렀어요. 일주일 동안 한 달 예상치 매출도 올렸고요. 첫날 왔던 축하객들이 셋째 날도 오고, 넷째 날도 오고, 계속 로테이션으로 돌아가면서 오는 와중에 뜨내기손님도 많았어요.

지인이 패밀리 레스토랑을 창업하였는데 하루에 전국에 있는 모든 지인들을 불러 모아 개업식을 하였어요. 매상도 못 올리고 80% 이상은 그냥 돌아가 버렸어요. 돌아간 사람은 언젠가 한번은 오겠지만 축하하러 온 사람에게 예의가 아니죠.

개업식을 했으면 철저한 장사꾼이 되어서 사전에 알고 지내는 사람을 생각나는 대로 리스트 작성을 해야 합니다. 그날만큼은 휴대폰 문자로 알리지 말고 결혼 청첩장같이 초대장을 만들어야 해요. 인쇄비가 조금 더 들더라도 고급스럽게 해서 개업식 날을 알려야 합니다. 초대장을 받는 날짜는 같으나 개업식 날은 다르게 표시하세요. 자칫하면 오해할 수 있어요. 예를 들면 '존경하고 사랑하는 여러분, 그날 여러분을 조용하게, 귀하게 초대하고 싶어서 모시는 날짜를 손님마다 다르게 했습니다. 꼭 오셔서 자리를 빛내주시면 기필코 성공을 하겠습니다.'

'소문난 잔치 먹을 것이 없다'라는 옛말을 명심하세요. 개업식 날의 잔치는

스타일리시하게 개업식을 하는 방법은?

첫째, 맛으로 축하객에게 승부하세요.
둘째, 일주일 동안 개업식을 할 때는 서로 친분이 있는 팀을 묶어서 하세요.
셋째, 초청장 내용에 '화환은 정중하게 사양합니다'라는 글을 꼭 넣으세요.
넷째, 가게 입구에서 이벤트 행사는 하지 마세요. 신문에 전단지로 개업광고도 하지 마세요.
다섯째, 개업 사은품은 하지 마세요(그날 손님은 일부러 찾아와서 매출을 올려주려고 하기 때문에 친절한 서비스와 맛에 전력투구 하세요).
여섯째, 사은품 대신 식음료 무료 티켓 1장만 주세요. 1장 받은 손님은 다음에 혼자 오지 않아요. 2~3명이 같이 옵니다.

나누어서 조용하게 해서 앞날의 고객이 될 사람에게 진심으로 따뜻하게, 정중하게 도와달라고 하세요. 맛있고 값싸고 분위기 좋으면 '같은 값이면 다홍치마'라고 분명 다시 찾아줄 겁니다.

 베이비부머, 스타일 모르고 외식 창업 절대로 하지 마라

고객을 사랑하고 아낌없이 줘라!

고객을 사랑하지 않고 하루하루 매상에 매달려 손님이 많으냐, 적으냐에만 포커스를 두고 경영하면 단골 고객, 충성 고객, 열정 고객을 만들기 어려워져요. 사랑하는 마음으로 고객을 대할 때는 무엇이든지 주고 싶죠. 특히 여성 고객을 사랑하세요. 여성 고객이 남성 고객보다 사랑을 느끼는 흡수력이 강하니까요. 여성 고객은 대부분 장시간 앉아있기 때문에 커피, 티, 음료수를 무한정 리필해주고, 쿠키도 듬뿍 담아주세요. 사랑을 듬뿍 받은 고객은 구전 PR을 분명히 합니다. 어느 집에서는 쿠키를 듬뿍 주고, 음료수와 커피, 티를 무한정 리필해 주더라 등. 식음료 사업의 승패는 구전에 많이 달려 있다고 봐야 합니다.

필자는 남는 식자재를 잘 이용해서 메뉴판에 없는 특별 상품을 만들어 고객에서 서비스했어요. 특히 케이크는 핸드메이드(수제 케이크)이기 때문에 3일 이상 넘기면 맛이 떨어져요. 그래서 3일째 케이크가 남으면 단골, 충성, 열정 고객에게 무료 테이크아웃을 해주었어요. 한 테이블에 3~4명이 앉아있으면 충성 고객이 1~2명은 꼭 있어요. 그것을 구별해서 주었어요. 이유는 고객은 자기 역할을 알아주면 고맙게 생각하거든요. 대형 프랜차이즈 카페에 가면 리필서비스가 안 되는 곳이 많아요. 그래서 오리지널 브랜드는 자신만의 스타일이 있는 칩 앤 시크로 무장해서 고객을 사랑하면 승률이 높아요.

'민들레 영토' 지승룡 대표는 창업 초창기에 어머니의 사랑을 고객이 느낄 수 있도록 사랑의 마음으로 '드시고 더 드세요'의 마음가짐으로 고객을 대했다고 하죠. '풀하우스' 카페는 에이지 타깃(AGE-TARGET)이 없는 가게입니다. 오전 모닝커피 타임에는 샌드위치에 꿀을 발라서 구워주어요. 그리고 샌드위치는 무한정 리필을 해줍니다. 그런데 고객이 미안해서 계속 리필을 하지 않아요. 커피 한 잔 4,000원에 샌드위치로 점심을 대신할 수 있지만 여기에 오는 고객들은 주인의 사랑을 알기 때문에 한두 번 정도만 샌드위치 리필을 하고 맙니다. 고객에 대한 주인의 깊은 사랑으로 30년 동안 번성하고 있는 가게입니다. 고객에 대한 사랑의 표현은 주인만이 할 수 있어요.

2012년 12월 26일자 〈일간스포츠〉에 연예인 남희석의 '아무거나' 칼럼을 보면 "이런저런 사업을 하다 말아먹은 연예인 이야기는 참으로 많다. 물론 영화배우 신영균 선생처럼 큰 성공을 거둔 사람도 많다. 그러나 사회생활 경험

스타일 있게 고객을 사랑하려면?

- 서비스는 주인이 챙겨서 직접 갖다 주세요. 종업원이 서비스하는 것과 주인에게 서비스 받는 것은 큰 차이가 납니다. 줄 때는 필히 본인이 만든 것이라고 강조하세요. 고객은 주인에 대한 따뜻함을 느낄 것입니다.
- 3,000원짜리 커피값이 30,000원의 값어치를 느끼도록 서비스와 친절로 무장하세요. 고마운 마음이 들어서 다음에 올 때는 또 다른 고객을 데리고 올 것입니다.

이 한정돼 있고 유명세를 이용해 시작한 사업의 한계가 있다는 것이다. 자신의 이름이나 얼굴이 들어간 사진을 간판에 걸고 장사를 할 때는 국밥집을 하나 열어도 당사자가 카운터에 앉아 있어야 한다는 것이다"라고 했어요. 외식업은 주인의 사랑으로 직접 아낌없이 줘야 한다는 말입니다.

불경기 속에서도 흔들리지 않고 장사가 잘되는 스타일 있는 집은 주인이 고객을 사랑하기 때문에 그 고객이 꾸준히 찾아오는 덕분이지요. 대박 나는 가게를 만들려면 아낌없이 주세요.

고객을 배려하라!

고객의 행동과 말투를 받아들이고 고객을 이해하는 입장, 고객을 배려하는 마음이 있어야 장사할 수 있습니다.

사람이 공동체 속에서 생활하다 보면 여러 가지 상황이 있을 수 있어요. 기쁠 때도 있고, 슬플 때도 있고, 화가 날 때도 있고, 웃을 때도 있고, 울 때도 있고, 짜증 날 때도 있고, 죽고 싶을 때도 있어요. 가게에서 만나게 되는 손님은 아주 다양하지요. 이런 다양한 손님들은 주인과 종업원에게 전염시킬 수 있어요. 반대로 주인과 종업원들이 어떤 기분 상태냐에 따라 그 기분이 손님에게도 전염될 수 있어요. 보통 화가 난 손님이나 우울해 보이는 손님, 슬픈 표정을 하고 있는 손님 옆에는 주인이나 종업원이 부근에도 가기 싫어해요. 이유는 나의 기분이 그 사람 때문에 긴장해야 하고, 조심해야 하기 때문이죠.

대구의 봉산 문화거리 'F & P' 2호점 카페에서 있었던 일이에요.

2006년 1월, 그해는 몹시 추웠어요. 히터를 켜놓았는데도 자꾸만 꺼졌다, 켜졌다를 계속 반복하였어요. 연초라서 손님은 많은데 걱정스러웠어요. 실내 온도는 약 영상 15도 정도밖에 되지 않았어요. 오후 4시쯤 60대 정도 되어 보이는 남자 손님 3명이 들어오면서 "아~ 추워! 어디가 따뜻한 자리야?" 하면서 아르바이트에게 말을 놓으면서 큰소리를 질러댔어요. 아르바이트는 햇살이 조금 비치는 쪽으로 안내했어요. 이 손님들은 커피를 시켜놓고 돈 문제 때문에 말투가 약간 거칠어지고 커지기 시작했어요. 그리고 한 손님이 화풀이를 하듯이 "이 집 왜 이렇게 추워?" 하며 아르바이트에게 야단을 쳤어요. 이 문제를 필자가 풀어야겠다고 생각하면서 고객에게 다가가서 짧게 설명하고, 지금 전기히터를 사가지고 와서 손님 앞에 켜주겠다고 했어요. 야단 들었던 아르바이트가 직접 가게 앞 마트에 가서 전기난로를 사가지고 와서 켜주었어요. 그 이후 그 고객들의 소리는 낮아지고 나갈 때는 아르바이트에게 팁을 주고 갔어요. 손님이 화를 내고, 짜증을 낸다고 해서 종업원이 시무룩한 표정을 짓고, 주인의 인상이 굳어져 있으면 이 가게는 공포의 카페가 될 거예요. 식음료 사업은 이해와 배려하는 마음이 부족하면 실패할 확률이 100%입니다.

페스트 푸드 가게의 유명한 일화가 있어요. 햄버거 가게에서 직원이 햄버거를 20개 산 손님에게 "포장이세요? 드시고 가세요?"라고 질문을 해서 손님이 어안이 벙벙했다는 얘기가 있어요. 이 직원은 어떤 고민에 빠져 많은 생각을 하면서 주문을 받은 것 같아요. 고객이 먹고 가든지 포장해 가든지 고객의 자존심과 관계없이 자기 기분대로 행동한 것이죠. 고객을 생각하는 마음이 전혀 없었던 거예요.

또한 식음료 사업은 반드시 오픈 시간과 마감 시간을 지켜야 합니다. 그 집에 한 번 가본 고객들은 영업시간을 알고 있어요.

3년 전 겨울, 저녁부터 눈이 펑펑 내렸어요. 눈 때문에 일찍 손님이 끊어져서 9시쯤 퇴근하려고 준비하고 있는데 손님 4명이 눈보라를 헤치고 저녁식사를 하러 온 거예요. 이미 주방에는 마감 청소를 하는 상태였고, 셰프가 막 퇴근하려던 참이었어요. 필자는 손님을 보고 반갑게 앉으라 하고, 셰프에게 눈 속에 찾아온 고객은 열정 고객인데 오더를 받아달라고 부탁하였어요. 셰프는 귀찮은 듯하면서도 필자의 부탁을 듣고 오더 받은 메뉴를 요리해서 고객에게 내주었어요. 그날 그들 중 한 손님이 생일인데 일부러 우리 가게에서 생일파티를 하러왔다는 것이에요. 매상도 많이 올려주고 갔어요. 고객은 눈이 와도 당연히 12시까지 영업을 하리라 믿고 왔던 것입니다.

필자는 그날 큰 걸 머리에 새겼습니다. '천재지변이 일어나지 않는 한 영업시간을 지켜야 한다.' 주인의 편의주의에 젖어서 장사를 하면 고객에 대한 배려는 없는 것입니다.

얼마 전 서울역에 있는 떡 카페 '빚은'에서 있었던 일이에요. 근래 신경성 위염이라서 저녁은 거의 죽으로 해결하기에 이 가게에서 호박죽을 주문했는데 셀프라서 팔 수가 없다고 하더라고요. 필자는 한 번 더 부탁을 했어요. 몸이 불편하니 테이블에 갖다달라고 하는데, 옆에 있는 여종업원이 퉁명스럽게 "제가 갖다드릴 테니 자리에 앉아 기다리세요" 하는 것이에요. 필자의 기분이 순간적으로 불쌍하다는 느낌이 들었어요. 내 돈 주고 먹으러 온 사람에게 문전박대를 당하니 황당했어요. 그래서 호박죽 몇 숟갈 먹고 일찍 나와 버렸어요. 이 가게는 고객에 대한 배려가 전혀 없었으며, 대한민국의 얼굴에 먹칠을 하고 있어요. 세계 관광객이 이용하는 서울역 내에서 이런 황당한 일이 있는데 어찌 선진국으로 진입할 수 있겠습니까? 선진국은 약자를 배려하는 데서 옵니다. '빚은' 떡 카페의 프랜차이즈 교육을 이런 식으로 하면 창피스러운 대한민국이 될 것입니다.

고객은 단순히 서비스를 받는 것이 아니라 그 가게와의 관계가 형성되길 바라고 있습니다. 스타일이 있는 고객에 대한 배려라 함은 감사와 사랑, 신뢰일 것입니다. 손님이 감기기가 있어 보이면 생강차나 유자차를 서비스하세요. 원가 몇 백 원에 수십만 원의 값어치가 돌아오고 주인을 신뢰하는 마음이 생깁니다. 그리고 고객을 하늘 같이 높이고 자기를 낮추어야 진정한 배려가 나온다는 사실도 결코 잊어서는 안 됩니다.

여성 고객을 퀸(Queen)으로 받들어라!

요즘 여성은 사회적인 직위 향상 관계로 그만큼 목소리가 커지고 자기주장이 강해졌어요. 이런 여성들을 단골 고객으로 만든다는 것은 엄청 어려운 일이에요. 학생이든, 커리어우먼이든, 주부이든지 지금 모든 여성들은 어느 업종에서든 서비스를 받아야 당연하다는 것으로 생각하거든요. 특히 외식업에서 여성 고객의 서비스 문화가 빠른 속도로 발전해 나가고 있어요. 그 이유는 카페나 레스토랑 등 어디를 가도 여성 고객이 70% 이상이기 때문입니다.

남성을 상대하는 서비스보다 여성을 상대하는 서비스에 더 신경을 써야 해요. 왜냐하면 여성들은 시각과 청각, 미각, 촉각, 후각에 아주 예민하거든요. 그래서 이런 예민한 곳에 좀 더 신경을 쓰고 잘 갖추어 놓아야 해요.

스타일 있게 여성 고객을 퀸으로 받들려면 우선 인테리어가 심플해야 하고, 식음료가 맛이 있어야 하고, 좋은 소리가 나야 하고, 향기 있는 냄새가 나야 하고, 피부에 와 닿는 감이 좋아야 합니다.

필자의 가게는 여성 화장실을 안락함을 주는 편안한 공간으로 만들었어요. 예쁜 그림과 간접조명으로 편안한 느낌이 들도록 하였지요. 여성 화장실은 여성들이 자존심을 느낄 수 있는 공간이 되어야 합니다. 그래서 변기에 있는 일회용 위생 비닐은 물론 생리대까지 갖추어 놓았지요. 그리고 화장실에 반드시 있어야 할 품목으로 핸드 워시와 핸드 로션, 옷핀 등이 있고, 향긋한 냄새가 나는 것을 설치해 놓았어요.

화장실이 크고 화려할 필요는 없지만 깨끗하고, 심플하고, 필요한 것을 대부분 갖추어 놓으면 여성 고객들이 아주 좋아합니다.

여성 고객은 또 메인 요리도 중요하게 생각하지만 디저트에도 민감하게 반응합니다. 어떤 여성 고객은 디저트에 목숨을 걸다시피 해요.

필자가 운영했던 'F & P'에서 있었던 일이에요. 여성 고객들이 독일식 돈가스를 메인 요리로 먹은 뒤 디저트로 카푸치노를 달라고 했던가 봐요. 아르바이트는 "디저트는 아메리칸 커피만 된다"고 조심스럽게 설명해 주었는데, 그 여성 고객들은 "주인 나오라고 해봐!"라고 소리쳤던 적이 있었어요.

그리고 여성 고객은 간식을 좋아해요. 갓 구운 쿠키를 몇 조각 가져다주면 자기가 선택받은 고객이라 생각하고 너무너무 좋아합니다.

이밖에도 일회용 비닐우산을 준비해 두고 여름철 갑자기 비가 오면 승용차가 없는 여성 고객들에게 비닐우산을 서비스하기도 했어요.

지금 우리나라 경제의 움직임은 의, 식, 주 모든 것이 여성을 타깃으로 하고 있어요. 백화점이나 대형 마트의 고객 70% 이상이 여성 고객이며, 하물며 프로야구도 여성 관객이 폭발적으로 늘어나면서 700만 명 이상의 관중몰이를 하고 있습니다.

이렇듯 여성들의 경제 주도권이 높아짐에 따라 최근 들어 외식업체들은 앞 다퉈 서비스 경쟁을 강화하고 있어요. 오감이 뛰어나고 칩 엔 시크한 가게는 이미 모든 준비를 해놓고 여성 고객들을 여왕으로 받들고 있습니다.

아르바이트를 가슴에 품고 사랑하라!

외식업을 운영하려면 아르바이트를 진정한 파트너로 인정하는 인간의 존중성이 있어야 합니다. 자신과의 상호관계를 잘 맺어 놓고 자식같이 생각하며, 잘못된 것이 있어도 사랑으로 묻어줄 수 있는 아량이 있어야 합니다. 주인이 먼저 아르바이트를 배려하는 마음이 있어야 그들도 주인의식을 갖게 됩니다. 아르바이트생은 대부분 가정 형편이 어려워 일을 하면서 공부를 합니다. 따뜻하게 장래의 일들을 카운슬링해 주어야 진정 그들이 주인의 사랑을 느낄 수가 있어요. 그래야만 이직률이 심한 외식업체에서 편안 마음으로 오래 근무할 수 있어요.

옛말에 '뿌린 대로 거둔다'라는 말이 있죠. 아르바이트생은 어렵게 공부를 해서 사회에서 성공을 하면 자기가 오랫동안 근무했던 곳을 다시 찾아오기도 합니다.

필자는 카페와 레스토랑을 운영하면서 대부분 종업원보다 1시간 일찍 나와서 꽃에 물을 줄 때가 많아요. 필자가 꽃을 좋아하는 것을 종업원들이 알고 있으므로 주인이 일찍 나오는 것에 불만을 갖지 않더라고요. 특히 인수라는 아르바이트생이 있었는데, 출근을 보통 30~40분 늦게 하는 거예요. 하루가 아니고 약 15일 이상 계속 늦었어요. 필자는 그동안 아무런 말없이 미소만 짓고 꽃에 물만 주고 패션 매장으로 돌아가곤 했죠.

한 달이 된 후 아르바이트생의 시급계산을 해 주었는데 그가 월급이 조금 더 많은 것 같다고 하더라고요. 필자는 출근이 30~40분 늦었다고 해도 시급을 공제하지 않았거든요. 이러한 필자의 마음을 알게 된 인수는 그 후 지각을 하지 않았어요. 인수는 새벽까지 공부를 하고 아침에 피곤해서 늦게 출근한다는 것을 필자는 미리 알고 있었어요. 인수는 지금 영국 런던대학교 치과대학을 졸업하고 런던치과대학에서 닥터로 근무하고 있어요. 얼마 전 여름휴가 때 한국에 왔을 때 필자에게 인사하러 왔었는데, 그럴 때 큰 보람을 느꼈어요. 아르바이트했던 학생이 필자를 잊지 않고 찾아준 고마움에 가슴까지 찡했지요.

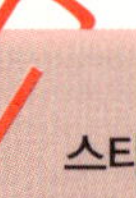

스타일 있게 아르바이트를 사랑하려면?

- 시간당 법적 인건비를 지불하세요.
- 월급날을 하루도 어기지 마세요(구약성서에 나오는 모세는 "그 품삯을 당일에 주고 해진 후까지 미루지 말라. 이는 그가 가난하므로 그 품삯을 간절히 바람이라"고 했어요. 아르바이트는 돈이 필요해서 일을 하기 때문에 월급날만을 기다려요).
- 주인의식을 갖도록 해주어야 무슨 일이든지 내 일같이 합니다(카운터도 맡기세요).
- 생일날을 미리 알아서 축하해 주고 작은 선물이라도 하세요.
- 명절날(추석, 설날) 장사가 잘되면 적은 보너스를 주던지 선물을 하세요.
- 아르바이트의 비전을 듣고 희망과 용기를 주세요.
- 가끔 사랑의 편지를 하세요. 감동 또 감동할 것입니다.

1950년대 미국 뉴욕의 사우스 브롱크스는 가난한 이민자들이 모여 사는 곳이죠. 흑인 소년 콜린은 콜라공장에서 여름방학 때 아르바이트를 하면서 바닥에 흘린 콜라를 닦아내는 일을 맡았어요. 콜린은 열심히 일한 덕분에 다음해 여름에 다시 채용해주겠다는 약속을 받아냈어요. 다음해 여름방학 때 콜라공장에 갔을 때는 바닥청소 대신 음료주입기를 맡았어요. 이 모든 것이 콜린이 보여준 성실함과 공장 책임자의 사랑이었어요. 그가 바로 1989년 미국 역사상 최연소 합참의장에 오르고, 2001년 흑인 최초로 국무장관에 임명된 콜린 파월이에요. 콜린 파월은 콜라공장에서 일할 때 얻은 교훈이 자신의 삶을 성공으로 이끌었다고 합니다. 인간의 존중성은 언젠가 나에게 큰 힘이 될 수 있어요.

아르바이트를 가슴에 품어 안아주면서 사랑해 주세요. 앞으로 어떤 위치에서 다시 만날 수 있을지 모르니까 진심으로 사랑해 주세요.

한없이 칭찬하라!

한국 사람은 칭찬에 인색하다는 말이 많아요. 그러나 식음료 사업을 성공하려면 고객과 직원에게 침이 마르도록 칭찬해야 합니다.

〈MBC〉 TV에서 한글날 특집으로 방영되었던 '말의 힘'이라는 다큐멘터리 프로가 있었어요. 여기서 가장 인상적이었던 장면은 한글날을 맞이하여 아나운서들과 함께한 실험이 있었죠. 두 개의 유리병에 갓 지은 흰밥을 넣고는 한 쪽에는 "사랑합니다. 감사합니다" 등의 좋은 말을 들려주었어요. 반대로 다른 한 쪽에는 "짜증나. 재수 없어!" 등의 막말을 지속적으로 들려주고 한 달 뒤 유리병의 밥이 어떻게 변했는지를 확인하는 실험이었는데 놀랍게도 좋은 말을 들려준 유리병의 밥은 하얗고 좋은 누룩냄새의 곰팡이가 피었고, 나쁜 말을 들려준 유리병의 밥은 물이 고인 채 썩거나 냄새가 지독한 곰팡이가 핀 것이에요.

'칭찬은 고래도 춤을 추게 한다'고 했어요. 특히 우리 한국 사람은 칭찬에 아주 인색하죠. 칭찬은 칭찬을 한만큼 본인에게 돌아옵니다. 칭찬은 사회의 미덕입니다. 외식업을 하면서 칭찬은 보이지 않는 투자라고도 할 수 있

필자는 전문직을 살려서 직원과 고객의 패션 스타일에 대하여 칭찬을 자주 합니다. B 치과 원장은 올드미스인데 멋을 많이 냅니다. 그 사람이 새로운 것을 가졌거나, 입었거나, 하였을 때는 그것을 알아주면 엄청 좋아해요. "원장님, 오늘 헤어스타일 20대 초반 학생으로 보입니다. 메이크업은 직접 하세요? 메이크업 아티스트는 굶어 죽겠네요. 옷을 정말 잘 입어요. 디자인공부를 했어도 유명 디자이너가 되었겠어요. 스카프 색상 정말 잘 어울려요." 남자 고객에게는 "넥타이 고르기가 어려운데 항상 멋있는 것을 하고 있습니다. 경호 씨는 키는 작은데 옷 코디를 잘해서 키가 커 보여요" 하는 등, 그 고객에게 관심을 가져주며 칭찬을 했어요.

칭찬을 할 때는 외모를 보고 스타일에서 묻어나는 것을 칭찬해야 합니다. 패션에 지식이 없어도 "와우! 오늘 너무 멋있어요"라는 이 한마디만 해도 고객은 좋아하지요. 베이비부머가 운영하는 가게는 휴먼 터치가 승패를 좌우하니까요. 휴먼 터치는 칭찬에서 이루어지기 때문에 칭찬을 하는 방법을 전문서적을 보고 연구하는 것도 좋은 방법이에요.

필자가 가끔 가는 이탈리아 레스토랑이 있습니다. 이탈리아 오너 셰프 조르지오가 운영하는 '나폴리'라는 곳이지요. 조르지오는 어둔하게 한국말을 조금 할 줄 알지만 고객에게 칭찬을 아끼지 않아요. 칭찬은 간단하게 하죠. "멋있어요. 보고 싶었어요"라고. 보고 싶다는 말 얼마나 정감이 가는 말이에요.

칭찬은 바꾸어 말하면 그 사람을 알아주는 것이죠. 직원과 아르바이트에게도 칭찬을 아끼지 마세요. 청소를 깨끗이 잘 했으면 잘 했다고 칭찬을 하고, 고객에게 주문을 잘 받았어도 칭찬을 하고, 고객에게 친절하게 해도 칭찬을 해야 하거든요. 왜냐하면 종업원은 칭찬을 받으면 주인이 나를 신뢰한다는 안정감을 가지게 돼요. 칭찬은 길게 하고, 꾸중은 짧게 간단히 하세요.

지난 2012년 10월초, 한 케이블방송 뉴스에 고구마 줄기 2개를 놓고 실험하였던 것을 보았어요. 한 쪽 고구마에는 칭찬을 하고, 또 다른 한 쪽 고구마에는 짜증을 내고 욕도 하고 했어요. 한 달 뒤 칭찬을 해준 고구마 줄기는 싱싱하게 자라나고, 나쁜 말을 들은 고구마는 줄기가 시들시들 하게 자라지 않고 죽어가는 것을 보았어요.

칭찬은 사회를 아름답게 하고 세계 평화의 밑거름이 됩니다. 자신의 가게를 칭찬이 넘치는 곳으로, 성공하는 가게로 만들어 갑시다.

스타일 있는 칭찬을 하려면?

- 진심으로 칭찬하세요(빈말로 칭찬하면 정치인이 되어요. 칭찬거리가 있을 때 진실로 하세요).
- 칭찬은 미루지 말고 즉시 하세요(칭찬할 일이 생겼을 때 시간이 흐르면 식기 때문에 뜨끈뜨끈할 때 즉시 하세요).
- 종업원을 칭찬할 때는 큰소리로 주위 사람들까지 들리도록 하세요.
- 칭찬은 남들 앞에서 하는 것이 효과가 더 있어요(주위 지인들 앞에서 칭찬을 받으면 황홀한 기분이 들 것입니다).

위기관리 능력을 키워라!

식음료 사업을 운영하다보면 생각하지 않았던 돌발사고가 발생하는 수가 많아요. 이럴 때는 제일 중요한 것이 당황하지 말고 정면 돌파를 해야 한다는 점이에요. 위기 상황을 잘 극복하면 자신이 운영하는 가게를 한 단계 더 업그레이드시킬 수 있는 기회가 될 수도 있어요. 중요한 것은 빠르고, 신속하고, 완벽하고, 친절하게 일을 처리하여 고객이 이해하고 만족할 수 있게 끝맺음을 잘해야 한다는 것입니다.

벚꽃이 한창 피는 화창한 봄 저녁, 식사시간이라 실내와 테라스 등이 모두 손님들로 만석이고 대기 손님도 있었어요. 갑자기 어떤 손님이 "여기요!"라며 큰 소리로 부르는 소리가 났어요. 종업원이 놀라서 뛰어가 보니 손님이 스파게티를 먹다가 이빨이 깨졌다는 겁니다. 해물 스파게티는 조개껍질과 같이 요리를 하기 때문에 조개껍질을 잘 벗겨내고 먹어야 하는데, 그 손님은 조개껍질을 완벽하게 골라내지 않고 맛있다고 급하게 먹다보니 조개와 같이 씹었던 것인가 봅니다. 종업원이 놀라서 필자에게 달려 와서 SOS를 청하기에 필자는 빨리 그 자리에 가서 자초지종을 들어보았습니다. 알고 보니 오늘 낮에 치

과에서 땜질한 어금니가 떨어져 나간 것을 가게 탓으로 돌리면서 억지를 쓰는
같았어요. 냉정하게 생각하면 치과의 잘못된 치료인데……, 그래서 필자는 다
른 이야기를 일절 하지 않고 치아를 치료하는 데 얼마가 들었느냐고 물었어
요. 치료비의 2배를 그 자리에서 지불하고 파스타 값도 받지 않았어요. 스파
게티를 맛있게 먹다가 치료한 치아가 떨어져 나갔는데 이 얼마나 고맙고 미안
한 일인가요. 그 이후 그 손님은 충성 고객을 넘어서 열정 고객이 되어 지금까지
필자의 가게에 다른 많은 사람들을 데리고 스파게티를 먹으러오고 있습니다.

만약 누구의 잘잘못을 따지고 말이 많았다면 손님이 많은 가게 안에서 고
함소리가 들리고 다른 손님에게도 가게에 대한 좋은 이미지가 흐려졌을 것입
니다. 그리고 이 고객을 잃게 되는 것은 물론 간혹 인터넷 블로그에 우리 가게
에 대한 온갖 부정적인 글들을 올렸을 지도 모릅니다.

1993년 6월 미국의 워싱턴주에서 있었던 일입니다. 펩시콜라의 캔 안에서
주사기가 발견되었다는 신고가 접수된 겁니다. 이날 바로 이 회사 CEO는 아
침부터 저녁까지 미국의 주요 방송 프로그램에 직접 출연해서 소비자들에게
협조를 호소했어요. 그 와중에 편의점에서 한 여인이 몰래 펩시콜라 안에 주
사기를 넣는 장면이 언론을 통해 공개되면서 소비자들은 펩시의 입장에 대해
더욱 공감하게 되었어요. 결국 범인의 체포로 인해서 펩시는 위기 종결에 대한
대대적인 광고를 하였고, 불과 한 달이 못된 7월 4일 미국 독립기념일에 맞추
어 실시한 소비자 특별프로모션 행사를 통해 펩시는 1993년 한 해 동안 가
장 높은 매출을 달성할 수 있었죠.

펩시의 위기관리 능력에서 우리가 배울 것은, 첫째는 CEO가 전면에
나서서 진두지휘한 것이고, 둘째는 빠른 위기관리팀을 구성한 것이고,
셋째는 CEO가 적극적으로 언론에 출연해서 논리적으로 감성에 호소

를 한 것이었어요. 위기관리 능력에 따라 흥하느냐, 망하느냐가 달려있는 것입니다.

스타일리시한 위기관리는 빠르고 정확하게 주인이 직접 해결해야 고객들에게 신뢰를 줄 수 있어요.

피터 드러커는 "기업의 성과는 문제를 해결함으로써가 아니라 기회를 개발하는 것으로 얻어진다"고 했어요.

고객이 스파게티를 먹으면서 불거진 '치아 사건'이나 '펩시콜라의 이물질 사건'의 문제를 당황해 하지 않고 위기관리 능력으로 잘 해결하고, 그것을 기회로 삼고 브랜드 가치를 더 업그레이드시킨 좋은 계기가 되었던 것입니다.

마케팅원리를 알고 장사하라!

외식업은 '마케팅'이란 원초적인 것을 가슴에 품고 영업해야 합니다. 마케팅이란 고객(소비자)에게 최대한의 만족을 주고 외식업체(생산자)의 생산 목적을 가장 효율적으로 달성시키는 것이에요. 고객이 누구이며, 그들이 원하는 것이 무엇인지를 발견하고, 주인이 고객의 욕구를 만족시킬 상품(메뉴)을 개발하는 것입니다. 더 나아가 무엇보다도 고객이 만족스러워야 해요. 주인의 이익만을 추구하고 영업하면 몇 달 안에 문을 닫아야 할 처지가 옵니다. 식음료 사업에서 제일 중요한 마케팅은 미소와 친절, 서비스, 맛, 가격, 분위기 등입니다.

카페나 레스토랑에 오는 고객들은 커피를 마시고 맛있는 요리를 먹으러 오지만 실내분위기가 좋으면 오랜 시간동안 즐기기도 합니다.

손님이 편안하고 즐거운 시간을 보내기 위해서는 주인과 종업원들의 친절한 서비스가 필요하겠지요. 고객에게 만족할 만한 메뉴를 많이 개발하는 것도 중요하지만 퀄리티가 낮아지지 않게 노력해야 합니다. 원가를 줄인다고 자재를 줄이는 외식업체가 많은데 장사 잘되는 가게는 절대 자재를 줄이지 않습니다. 마케팅의 원리를 모르면 품질이 떨어지거든요. 특히 고객에게 피드백(Feedback)을 해야 합니다. 단골 고객과 충성 고객에게 이벤트가 있어야 하는데 단골 고객카드를 만들어서 예쁜 컬러종이에 자필로 직접 써서 감사의 편지를 일 년에 두 번은 꼭 띄우세요. 예를 들면 'OOO 고객님, 저희 가게를 아끼고 사랑해주신 덕분으로 번창해 가고 있습니다. 앞으로도 OOO 고객님을 정성스러운 마음으로 모시겠습니다.' 거기다 조용한 시즌이라고 생각이 들면 식사권 1매, 카페는 카푸치노 + 케이크 세트 2매와 함께 붙이세요. 이것이 진정 피드백이며 마케팅 이념입니다.

이탈리안 레스토랑 '벨리쿠치나'는 충성 고객과 단골 고객에게 1년에 한 번씩 이벤트 행사를 한다며 무료 식사권 1매를 고객에게 보내지요. 이것을 받은 고객은 가족이나 친구들과 식사를 하러갑니다. 식사권 1매가 많은 매출을 올려주는 역할을 해요. 이때 중요한 것은 티켓을 가지고 온 고객에게 더욱더 친절히 모셔야 합니다. 그래야만 고객이 VIP 대접을 받는 느낌이 들어요.

보통 무료 식사권을 갖고 레스토랑에 갔을 때 종업원이 반기지 않는 태도를 보일 때가 있어요.

필자가 4년 전 K 방송국에서 무료 식사권 선물을 받아서 A 레스토랑에 갔을 때 티켓에 '식사권을 먼저 제시하라'는 문구가 있어서 식사권을 주었어요. 그런데 종업원이 안내하는 좌석에 앉으라고 하더군요. 우리 일행은 우리가 원하는 테이블에 앉겠다고 하니 무료 식사권 테이블이 따로 있다고 정해준 자리에 앉으라 하더군요. 정해준 자리는 주인과 종업원이 보면 무료 식사 고객이라는 것을 알기 위한 영업전략인 것 같은데 기분이 아주 나빴어요.

배명복 논설위원은 중국에서 있었던 일을 칼럼에 실었어요.

"화려한 오피스빌딩과 호텔, 음식점, 백화점 등이 한눈에 보이는 베이징은 첨단 글로벌 도시로 하루가 다르게 변모하고 있다. 겉만 보면 그럴싸하다. 하지만 한 꺼풀 벗기고 안을 들여다보면 허점이 눈에 많이 띈다. 별 5개짜리 특급호텔에 딸린 멋진 레스토랑에서 지인이 저녁을 냈다. 비싼 만큼 요리는 훌륭했다. 하지만 식사가 끝나기도 전에 홀 안쪽에는 테이블 정리와 청소가 한창이다. 하드웨어의 발전을 소프트웨어가 못 따라가는 느낌이다."

필자는 이 칼럼을 보고 '이 레스토랑은 마케팅을 모르고 장돌뱅이 장사를 하는 구나' 하고 느꼈어요.

한 번 더 강조하지만 스타일리시한 마케팅이란 소비자들의 욕구와 필요(Wants and Needs)를 만족할 수 있는 상품이나 최고의 서비스로 제공하는 것입니다.

인(人)복이 없다는 말을 하지 마라!

우리가 살아가면서 '나는 인(人)복이 있다, 없다'라는 말을 많이 하지요. 인복은 자신이 만들어 나가야 해요. 작은 가게일수록 직원이나 아르바이트는 오래 근무를 하지 않아요. 근무환경이 나쁘기 때문이죠. 좁은 데서 근무하면 답답하고 하루 종일 주인과 부딪히고 해서 종업원은 주인이 없는 곳, 그리고 큰 곳을 선호합니다. 친구가 찾아와도 잠시 대화를 나눌 수 있는 곳을 좋아하지요.

작은 가게에서 종업원을 오랫동안 데리고 일을 시키고 싶다면 평균 시급보다 조금만 더 주어도 효과가 있습니다. 아무리 근무환경이 미약하다 하지만 보수를 좀 더 받는다면 그 맛에 오래 근무할 것입니다.

인건비 문제는 주인과 종업원의 생각의 차이라 할 수 있죠. 종업원은 답답하고 근무환경이 안 좋은 곳이라 해도 인건비를 많이 주면 그 맛에 근무하는데, 작은 가게의 주인은 장사도 그저 그렇고 다른 가게가 주는 대로 주고 싶어 할 겁니다. 주인도 생각을 바꿔 근무환경이 다른 가게보다 못하다 싶으면 직원이나 아르바이트에게 보수를 조금만 더

 인복은 바로 뿌린 대로 거두는 것입니다.

필자는 10년 이상 식음료 사업을 해오면서 인복이 없다는 말을 한 적이 없었습니다. 인복은 스스로 만들어져 가는 것이고, 피드백입니다.

지난 2008년 이탈리안 레스토랑 '비 앤 푸치니' 개업 2달 후 주방의 셰프를 포함해서 직원 3명이 월급을 받고 한 명도 나오지 않은 적이 있었습니다. 그로 인해 약 한 달간 문을 닫았는데 그때 필자는 스스로 반성하였어요. 어떤 부분이 부족하였기에 종업원들이 집단행동을 했는가 하고 자책한 것이죠. 그 후 1개월의 수습 끝에 다시 문을 열었으나, 흐름이 끊어져 영업을 재개하는 데 몇 개월 동안 많이 애를 먹었습니다.

주방에 근무하는 사람들, 특히 셰프는 '곤조'가 있어요. 우리말로 하면 '근성'이라 하죠. 소통하기가 무척이나 어렵습니다. 필자는 과거 디자이너 시절에 세컨 디자이너나 패턴사를 대하듯 똑같은 방법으로 그들에게 했던 것입니다. 그것이 실수였죠.

셰프는 그 사람만이 최고라는 자부심이 있습니다. 요리 맛이 짜고 매워도 셰프가 그것이 '맞다!' 하면, 그 자리에서 논쟁을 하면 안 됩니다. 퇴근 후 다른 카페에서 자신의 성격을 죽이고 조용히 달래듯 이야기해야 그들과 소통이 되어요.

셰프를 두고 운영하는 레스토랑이나 한식당, 중식당 등의 주인들은 가슴앓이를 많이 한다고 합니다. 가슴이 조마조마한 날이 많은 것이죠. 셰프가 교통사고가 나거나, 몸살감기, 아니면 주인과 트러블이 있거나, 직원끼리 마음이 맞지 않는다면 대부분 무단결근을 하거나 말없이 사퇴해버리는 나쁜 습성이 있습니다. 그래서 항상 긴장을 하면서 운영을 해야 합니다. 이런 이유로 소규모 가게에서 만약 셰프가 나오지 않으면 그 가게는 당분간 문을 닫아야 할 정도입니다.

대구 대명동에 있는 '508'이라는 카페가 있어요. 2012년 약 4~5개월 동안 문을 닫았는데, 여기에도 주방 인력이 집단으로 퇴사를 해버렸다고 해요. 이 가게는 카페인데 유럽형으로 간단한 식사도 겸하고 있었어요. 5개월 후 다시 문을 열었지만 흐름이 끊겨버려 다시 고객을 불러들이는 데는 시간이 많이 걸렸답니다. 레스토랑과 전문식당이 자꾸만 줄어들고 커피 전문점이 많아지는 현상도 이런 문제에서 나온 현상입니다. 앞으로 외식업을 하려면 주인이 요리를 하지 않으면 운영해 나가기가 어렵습니다.

게다가 요리를 배우려고 하는 젊은이들이 많지 않은 것도 문제입니다. 대학에 요리학과가 있지만 근무환경이 좋은 호텔이나 대형 레스토랑에서 근무하려고 하지, 일반 외식업에는 종사하려고 하지 않아요. 인복이 없다고 하지 말고 직접 요리를 배워서 나만의 스타일이 있는 스타일리시한 가게를 만들어 나가야 이 치열한 외식업계에서 살아남을 수 있습니다.

인복이 있다는 것은 내가 배려를 한 만큼 상대방이 알아주는 것입니다. 식음료 사업은 고객에 대한 배려, 종업원에 대한 배려가 없으면 인복이 없다는 말이 나옵니다. 즉, 인복은 뿌린 대로로 거두는 것입니다.

머슴이 되어라!

스타일 있는 외식업의 머슴은 고객을 위해 일하고, 고객이 만족할 때 그 기쁨으로 살아야 성공할 수 있어요. 외식업은 고객이 가게의 분위기를 파악하고 주인의 에티켓과 매너를 관찰하고 평을 하지요. 그래서 고객에게 충성하는 자세, 고객보다 낮은 자세로 임해야 그 가게가 번창할 수 있어요. 가식 없는 서비스와 친절이 고객에게 어필을 해요. 우리는 흔히 주인이 없으면 허전하다는 말을 하지요. 이것이 바로 주인이 고객이 좋아하는 머슴이 되었다는 것이에요. 그리고 주인과 머슴은 소통이 되었다는 것입니다.

이탈리안 레스토랑 '푸치니'를 운영할 때 필자의 아내도 직원과 똑같이 유니폼을 입고 명찰을 달고 근무했어요. 그 이유는 고객보다 낮아지기 위해서고, 주인이 머슴이라는 것을 고객에게 인식시켜주기 위해서였어요. 그래야만 고객이 편안하게 부를 수 있고, 무엇을 시킬 수가 있어서 좋아해요. 만약 주인이 패셔너블(Fashionable)하게 입고 왔다 갔다 하면 고객이 부담을 느껴서 편안하게 부르지를 못하고 어렵게 느껴져요.

필자와 가까운 지인이 운영하는 레스토랑이 있어요. 레스토랑을 K씨 부인과 딸이 맡아서 하는데 모녀지간에 완전히 패션쇼를 해요. 관객은 가게 손님이고, 모델은 주인이에요. 누가 손님이고, 누가 주인인지 구별이 안 될 정도죠. 이것은 고객에 대한 매너와 에티켓이 아닙니다. 요즘 손님들 70% 이상이 여성 고객이에요. 고객들이 질투가 나고 패션에 소외된 느낌이 들어서 오지 않아요. 몇 개월 후 지인에게 들었는데 손님이 거의 없다고 해요.

서비스 하나로 미국 최고의 식품기업이 된 '진저맨즈델리'의 폴 새기노 대표는 자신의 식당에서 직접 시중을 드는 CEO로 유명하지요. 그는 직접 걸레로 바닥을 닦고, 휴지를 줍고, 문을 열어요. 종업원에게도 머슴이죠.

폴 새기노는 1982년 단돈 2만 5천4백달러를 가지고 '진저맨즈델리'를 창업했어요. 그곳은 진짜 변두리 식당이었으며, 상권이라고는 찾아볼 수 없는 곳이었어요. 하지만 그의 패기는 하늘을 찔렀어요. 음식 맛이 끝내주고, 서비스 좋고, 누구나 일하고 싶어 하는 최고의 일터로 만들고 싶었어요.

폴 새기노는 어릴 적부터 어머니가 폴만의 스타일을 쇠뇌시켰어요. "폴, 또똑한 속물처럼 굴지 마라. 똑똑한 것보다 친절한 것이 더 중요해. 그리고 고객을 어머니처럼 여기고 대접해라.” 그리고 어머니로부터 ‘자기 희생과 자기 도덕성’을 배웠어요.

폴은 목표를 정해놓고 어머니에게 쇠뇌 받은 스타일로 무장해서 그 목표를 향해 “누가 난장판으로 만들었든 상관없다. 당장 치워라”라며 책임을 묻지 않고 문제를 해결하게 하였어요.

우리 외식업체 주인들도 분명한 자기 스타일이 있으면 폴과 같이 내가 앞장서서 일하는 스타일이 있는 머슴이 될 것입니다. 본인이 희생하고 배려하면 10평의 작은 가게라도 고객들로 넘쳐날 것입니다.

감사하는 마음으로 장사하라!

미국에서 가장 많이 쓰는 단어가 'Thank'(감사)!라고 하지요. 외식업은 감사하는 마음으로 장사를 해야 즐거움이 있고 번성할 수 있어요. 언어는 단순히 표현수단을 넘어서서 그 사람이 삶을 어떻게 인식하고 해석하는가를 보여주는 '창'이라는 것이죠. 우리가 사용하는 언어가 사실을 창조합니다.

경영학자 피터 드러커는 리더십의 가장 중요한 요소로 '단순한 삶과 언어의 습관'을 꼽았어요.

넬슨 만델라 전 남아프리카공화국 대통령은 인생의 3분의 1은 감옥에서 보냈어요. 46세부터 73세까지 27년간 감옥생활을 했어요. 만델라가 27년 동안 감옥살이를 하고서도 건강할 수 있었던 것은 "나는 하늘을 보고 감사하고, 땅을 보고 감사하고, 물을 마셔도 감사하고, 음식을 먹을 때도 감사하고, 강제 노동을 할 때도 감사하고, 살아 있어서 감사하고, 늘 감사했기 때문에 건강을 지킬 수 있었다"고 했어요.

사무엘 스마일즈는 "생각은 행동을, 행동은 습관을, 성품은 운명을 낳는다고 했어요." 실패하는 사람은 자신에게 없는 것만 보고, 성공하

〈감사나눔신문〉에 소개되어 화제가 된 김밥집 사장 안상선 씨는 '감사하는 마음이 없었으면 절대 돈을 벌 수 없다'는 확신을 가지고 감사를 삶 속에서 하나하나 적용하면서 사는 것으로 유명하지요. 그 결과 천 원짜리 김밥을 파는 가게로 시작했다가 현재 김밥집과 커피 직영점 15군데를 운영하고 있어요. 종사하는 직원만 해도 200명이 넘는 중소기업이 된 것이에요. 골목길에서 6평짜리 김밥집을 할 때부터 종업원들이 열심히 해 주어서 부부동반 해외여행을 보내주곤 했어요. 손님을 대할 때도 가슴속에서 우러나는 감사함으로 손님을 대했다고 해요. 그 결과 아무리 수학적으로 따져보아도 손바닥만 한 가게에서는 나올 수 없는 매출이 나오게 되었어요. 그는 천 원짜리 김밥 한 줄을 팔면 얼마가 남고를 떠나서 생각했다고 합니다. 손님이 한 번 왔다 가면 설거지 접시가 7가지나 나온다고 해요. 설거지 접시 7개에 생각의 초점을 맞추게 되면 마음에서 우러나오는 감사를 할 수 없게 되겠지요. 이럴 때마다 안 대표는 그 손님이 수많은 가게 중에 우리 가게에 왔다는 것을 대단한 사건이라고 생각했다고 해요. 그러면 감사가 저절로 나왔다고 하네요.

필자는 주위 가게가 우리보다 장사가 잘되어도 절대 경쟁의식을 갖지 않아요. 필자의 가게는 자신에게 만족을 주면 그것으로 감사하게 생각해요. 유리창을 닦고, 주방을 청소하고, 전구를 갈아 끼우는 것이 있어 감사해야 하고,

세금이 많이 나온다고 불만 갖지 말고 본인에게 잘되는 사업체와 일할 수 있다는 것에 감사해야 해요.

우석대학교 이영철 교수의 《행복한 바보》라는 시집에는 이런 글이 있어요. "일상의 소소한 일들에 자족하지 못하고 하루살이처럼 탐욕에 빠져든다면 행복 손님은 떠나고 초청하지 않은 불행 손님이 나를 이리저리 끌고 다니겠지."

가슴에 꽂히는 글이에요. 장사하는 사람 스스로 넉넉함을 느껴야 감사하는 마음으로 운영할 수 있어요. 우리가 이미 가진 것을 인정하고 감사히 여기면 좋은 일만 생기고 하는 일마다 잘 풀릴 것입니다.

외식업은 식음료 사업이 아니고
에너지, 열정, 삶의 의미를 제공하는 것이다.

Energizer

PART 5

빠른 서비스로 무장하라!

　외식업을 하면서 서비스가 느리면 전쟁터에서 패하는 것과 같아요. 치열한 외식사업 속에서 고객에게 느릿느릿 세월아 가거라 하면서 느긋하게 일하면 느린 만큼 빨리 폐업할 수밖에 없죠.

　우리나라 고객은 빠른 서비스를 무척 좋아합니다. 고객이 주문의 결정을 못하고 있을 때는 그 메뉴에 익숙하지 못하다는 것인데 보통 종업원은 "조금 후에 다시 오겠습니다"라고 합니다. 그때 주인은 빨리 고객에게 다가가서 "메뉴 선정에 도움을 드려도 되겠습니까?"라고 했을 때 고객이 원할 때는 가장 값이 싸고 맛있는 인기 메뉴를 선택해줘야 합니다. 그 이유는 계산할 때 값싸고 맛있는 느낌이 들어야 메뉴선택에 흡족함을 느낄 수 있기 때문이에요.

　파스타의 깊은 맛도 모르면서 구전으로 맛있다는 소문을 듣고 오는 고객들이 가끔 있습니다. 그 고객은 보통 메뉴판을 보고 많이 망설이지요. 그때 빨리 도와줘야 해요. 필자는 직원에게 망설이는 손님에게는 빨리 메뉴를 추천해 주라고 교육을 시켰어요.

패밀리 레스토랑에는 메뉴 가짓수가 많아서 선택하기 어렵기 때문에 필자 역시 망설일 때가 있어요.

미국에서 손님이 오셔서 오리지널 패밀리레스토랑 '뉴욕뉴욕'에 갔던 적이 있었습니다. 아마 한국에서 10대 안에 들어갈 정도로 규모가 큰 레스토랑이에요. 미국 손님이 메뉴판을 한참 보고 있을 때 지배인이 와서 메뉴 선택을 해주었어요. 그러나 필자는 기분이 나빴어요. 비싼 것으로 추천해 주었기 때문이에요. 그래도 맛있었으면 하는 바람으로 칼질을 하고 고기를 집어서 입으로 넣고 씹는 순간, 육질이 고무 씹는 것 같았어요. 미국 손님의 눈치만 보고 식사를 마치고 왔지만 다시는 이 집에 가지 않겠다는 생각이 들더라고요. 맛도 없고, 음식 값도 비싸고, 기분에 바가지를 쓴 느낌이었어요.

필자의 생일 때 가족과 함께 '쿠치나' 레스토랑에서 저녁식사를 하면서 와인을 주문했어요. 필자는 프랑스 와인을 좋아하기 때문에 항상 즐기는 와인이 있습니다. 값이 싸고 은은한 맛을 풍기는 '라샤스뒤파프 카베르네 소비뇽'이에요.

세계적인 와인 컨설턴트인 프랑스인 미셸롤랑은 "와인은 지식이 아니라 즐기기 위해서 마시는 것이다. 와인의 맛은 개인의 취향이 중요하므로 지식이 부족하다고 해서 스트레스를 받을 필요가 없다. 그리고 와인은 향수와 비슷해서 저마다 취향이 다르다"라고 강조했어요.

필자가 와인을 좋아하는 이유는 큰 와인 잔에 짙은 자주색 와인을 조금 부어서 건배할 때 "쨍!" 하고 나는 소리(Sizzling)가 너무 순결하고 맑은 소리가 나기 때문이에요. 그런데 필자가 주문한 와인이 없다며 종업원이 이런 저런 변명을 하고 있을 때 주인이 직접 뛰어와서 "죄송합니다. 프랑스산은 지금 없고 칠레산이 있습니다. 칠레산은 가격도 저렴하고 맛도 좋습니다"라고 하면서 주문을 받는데 싫지는 않았어요. 주인이 직접 와서 죄송하다고 하는데 "알았다"고 했지요. 필자는 개인적으로 칠레산 와인을 좋아하지 않아요. 조금 텁텁하고 무거운 느낌이 들기 때문이죠. 그러나 그것으로 결정해서 아내와 아들, 딸까지 네 명의 식구가 "쨍!" 하면서 "축하합니다"라고 할 때 이것이 바로 와인의 분위기가 아닌가 싶었어요. 만약 이 가게에 주인이 없었으면 서비스 인터벌이 굉장히 길 것 같았어요.

몇 년 전 필자 부부는 함께 터키여행을 갔어요. 그전에는 혼자서 갔었는데 그 나라가 너무 인상적이어서 이번에는 아내와 함께 갔었죠. 점심을 먹으러 터키의 명물 케밥 전문 레스토랑에 갔습니다. 그런데 아주 특이한 진풍경을 보았어요. 약 30명 정도 될 듯한 한국 관광객이 레스토랑 안에 들이닥쳤어요. 이 식당은 단체관광 전문식당이었으니까요. 그들은 자리에 앉기가 무섭게 테이블 위에 차려진 음식들을 정신없이 먹어치우기 시작했어요. 그리고 이내 난리가 난 듯이 후다닥 자리를 털고 일어나 나가버렸어요. 케밥을 음미해서 먹으려면 천천히 와인과 아니면 터키 맥주와 같이 먹으면 정말 맛있는데……. 그러나 이 관광객들은 몇 분만에 다 먹고 자리에 일어서서 나가버렸어요. 그 레스토랑에 따르면 한국 사람들을 위해 케밥을 먼저 슬라이스해서 준비해 두었던 것이라며, 이렇게 빨리 해놓지 않으면 한국 관광객을 받지 못한다고 했어요.

필자도 빠른 서비스를 못해서 혼쭐이 난 적이 많았어요.

어느 날 점심시간에 선생님 4명이 식사를 하러왔는데, 그때 손님이 많아서 족히 30~40분을 기다려야만 주문했던 메뉴가 나올 수 있었어요. 선생님들은 40분이 지나도 식사가 나오지 않자 큰소리로 "뭐, 이런 집이 다 있어!" 하면서 주문했던 메뉴를 취소하고 나가버렸어요. 그때는 이미 요리가 완성되었을 때인데 그 손님께서 1~2분만 더 기다렸으면 식사를 하고 갔을 것이고, 시간이 걸려서 한 요리를 아깝게 버리지 않아도 되었을 텐데 하는 아쉬움이 남았어요.

레스토랑 주위에는 초, 중, 고교 등 7개 학교가 있어서 선생님과 학부모, 학생 손님이 많았어요.

한번은 점심시간에 여고생들이 가게를 다 채운 적이 있었어요. 한꺼번에 고객이 들이닥치면 주방은 정신을 못 차리고 홀도 갈팡질팡합니다. 사전에 예약을 해놓으면 홀과 주방의 준비를 해놓는데 각자가 예고도 없이 들이닥치면 누가 먼저 왔는지 순서를 잡을 수가 없어 엉망이 된 적이 있어요. 빨리나오는 메뉴라면 그런 일이 없었겠지요. 하지만 파스타는 1인 1 프라이팬으로 요리를 해야 맛이 있기 때문에 시간이 많이 걸리거든요.

3년 전 미국에서 있었던 일인데 비 오는 날 '파블로' 카페에 갔을 때 바닥에 있는 빗물 때문에 미끄러져 넘어졌어요. 그러자 남성 종업원이 쏜살같이 달려와서 부축해 주면서 "다친 데 없습니까?" 하고 묻는데, 필자는 부끄러워 주위 시선에만 신경 쓰면서 괜찮다고 했으나 허리가 조금 아팠어요. 언제 뛰어왔는지 모르게 그 종업원은 필자를 부축해 주면서 테이블까지 안내해 주었어요. 빠른 대응과 따뜻한 마음이 지금까지도 기억에 남네요.

어쨌거나 '빨리빨리'란 이 단어는 한국의 트레이드마크로 되어 버렸어요. 한국 사람이 빠른 것을 좋아하니 연습을 많이 해 놓아야 합니다. 스타일 있는 빠른 서비스를 하려면 고객에게 한 눈 팔지 말고 일거수일투족을 주시해야 합니다. 매사에 뜸을 들이는 식으로 시간을 지체

 베이비부머, 스타일 모르고 외식 창업 절대로 하지 마라

하면 경쟁력은 약화될 수밖에 없어요. 특히 스마트폰 시대에 살아가면서 느린 서비스는 지금 트렌드와 맞지 않아요. 우리나라가 고속 성장을 해온 원인 중의 하나가 '빨리빨리 문화'입니다.

프로야구 삼성 유중일 감독은 "프로는 2등은 필요 없다"고 했어요. 1등 가게를 만들려면 빠른 서비스로 무장하세요.

대형 프랜차이즈를 무서워 말라!

어느 날 가게에서 아르바이트를 하는 학생이 느닷없이 필자에게 질문을 하는 거예요.

"스타벅스는 커피 맛이 없는데 왜 그렇게 손님이 많아요?"

이 학생은 스타벅스에서도 아르바이트를 했다고 했어요. 필자 역시 스타벅스의 커피는 맛이 없고 향기가 없다는 것을 익히 알고 있었어요.

그리고 이 학생은 또 이런 질문을 했어요.

"블랙스미스 파스타는 여기보다 맛이 없어요. 그런데 스타벅스나 블랙스미스 같은 곳에는 고객들이 불만을 느끼지 않아요. 왜 그래요?"

필자가 "왜 그런 질문을 하느냐?"고 되물었어요.

그 아르바이트생은 "여기는 맛도 있고, 값도 싸고, 분위기도 좋은데 메뉴가 조금 늦게 나오면 늦는다고 불만이고, 불렀을 때 빨리 가지 않으면 짜증을 내고 그래요"라고 하는 것이에요.

필자는 간단히 답변을 했어요.

"그것은 브랜드의 가치란다. 스타벅스는 글로벌기업이고 블랙스미스는 한국 최고의 카페베네의 세컨드 브랜드이기 때문"이라고 했어요.

고객의 불평은 가격과 맛의 관계에 좌우되지 않고 파워 브랜드는 무조건 인정하고, 오리지널 브랜드에는 조금만 기대치에 어긋나도 불평불만을 쏟아내는 게 요즘 세태입니다.

현재 유명 프랜차이즈의 케이크는 수제 즉석 케이크가 아니고 100% 냉동 케이크예요. 그러나 고객들은 부담 없이 먹어요. 왜 이런 현상이 벌어질까요? 답은 간단해요. 한국 사람은 명품에 눈이 어둡고 유명 브랜드 앞에서 오감을 잃어버리는 것이죠. 지금 한국에 있는 유명 프랜차이즈 식음료 맛이 맛인가요? 하물며 제과제빵 맛은 방부제가 많이 들어가서 소화도 안 되는 것이 많아요.

부산지역의 대표적인 빵(제과) 브랜드 '옵스'의 김상용 대표는 "시중에 냉동반죽을 쓴 것은 빵이 아니다"라고 쓴 소리를 했어요. L 백화점 지하에 있는 '옵스' 빵집에는 모든 빵을 그때그때 굽는다고 해요. 냉동반죽은 냉동했다가 녹인 것이라서 빵이라고 부를 수 없으며, 영양소가 파괴되고 건강에도 좋지 않다고 그래요. 그리고 기계로 찍어내는 것도 빵이 아니라고 해요. 흔한 식빵도 기계틀을 사용하지 않고 반죽에서 굽는 과정까지 100% 핸드메이드로 해야 진짜 빵맛이라는 것입니다. 앞으로 빵과 케이크 등은 즉석에서 만드는 카페가 분명히 어필을 받을 것이에요. 그 이유는 이제는 국민의 라이프스타일이 높아지기 때문이죠.

그리고 이 아르바이트 학생은 또 질문을 하는 거예요.

"제가 근무했던 스타벅스, 블랙스미스, 카페베네 같은 유명 프랜차이즈는 서비스가 별로 필요가 없던데요? 손님이 각각 알아서 챙기기 때문에요."

필자는 "맞다! 그 사람들은 식음료를 먹는 것이 아니고 브랜드를 먹고, 오히려 서비스를 받는 것을 부담스러워하고, 서비스에 대한 기대치도 없다"라고 했어요.

커피 맛이 없고, 음식 맛도 없고, 냉동 케이크라도 불평하지 않고, 불만도 느끼지 않는 것이 대형 프랜차이즈 특권이죠.

그렇다면 우리와 같은 오리지널 브랜드는 어떻게 살아날까요? 대부분 고객의 취향에 맞추어야 해요. 손님이 기대치에 10%만 부족해도 불평을 한다든지 불만을 표시하죠. 식음료가 맛이 있고, 값이 싸고, 가게가 청결하고, 인테리어 분위기도 좋고, 친절하고, 서비스가 좋아야 해요. 가격이 싸고 음식이 맛이 없으면서 친절해도 안 되고, 음식이 맛있고 가격이 싸도 불친절하고 서비스가 부족해도 안 되고, 음식이 맛있고 가격이 싸도 가게가 불결해도 안 돼요. 스타일 있게 대형 프랜차이즈와 경쟁하려면 오리지널 창업자는 고객의 기대치를 매일매일 파악하고 무엇이 필요한지를 알고 장사해야 합니다. 그래야 대형 프랜차이즈와 싸워도 승리할 수 있어요.

우리나라도 스타일 있게 칩시크하면 일본과 같이 오리지널 가게가 고객에게 사랑을 받을 거예요. 대기업의 물량공세에 맞서는 일본 동네빵집의 핵심전략은 일본인이 좋아하는 맛과 식감에 대한 연구는 물론 대형 빵집에서 사용하지 않는 재료로 독특한 맛을 낸다고 해요. 대표적인 곳이 도쿄 시모키타자와에 있는 '안젤리카'예요. 큰길에서 좀 떨어진 한적한 골목에 자리한 안젤리카는 카레빵, 미소빵 등 옛날식 빵을 판매하는 가게예요. 지금은 해외 관광객도 몰려온다고 해요. '소품목 콤팩트'도 경영부담을 줄이는 좋은 방법이었어요. 10평의 작은 빵집에서 고객의 소비성향과 주인의 특기 등을 고려한 적은 품목의 빵만 만들어 파는 것이 대성공이었어요.

며칠 전 공중파 뉴스에서 프랜차이즈 70% 이상이 적자운영이라는 보도가 나왔어요. 이제는 우리나라도 머지않아 좋은 맛을 내는 오리지널 작은 가게들이 고객들의 사랑을 받을 겁니다.

라이프스타일이 높아지면서 개성이 없는 대형 프랜차이즈는 앞으로 서서히 오리지널 가게에 백기를 들 것입니다. 그 이유는 재벌이 운영하는 대형 프랜차이즈는 어디를 가더라도 똑같은 분위기, 똑 같은 냉동식품, 똑같은 콘셉트로 운영하는데 이제 고객이 싫증날 때가 되었기 때문이죠. 앞으론 맛있고, 가격 싸고, 친절하고, 서비스 좋고, 개성이 있는 진정한 브랜드의 가치를 고객들이 더 잘 알고, 그런 가게를 찾게 될 것입니다.

힘을 키워라(小가 大를 이긴다)!

이번 얘기는 작은 것이 큰 것에 비해 실속이 있다는 것을 강조하고 싶어요.

베이비부머 세대는 어느 정도 인간관계를 형성해 놓았다고 봐요. 그리고 재력이 있는 사람도 있고, 어느 정도 창업자금도 준비되어 있는 사람도 있고. 그러나 자식교육을 시키기 위해서 퇴직금을 먼저 당겨서 써서 자금이 타이트한 사람도 있고, 하물며 아무것도 없는 빈 털털이 베이비부머들도 있어요. 이들이 외식 창업을 하려는 이유는 할 일이 없거나 노후준비, 자녀교육비, 생활비 등 각자가 다를 것이에요. 재력이 있는 베이비부머는 브랜드가 있는 파워 프랜차이즈를 갖고 싶어 할 겁니다. 그러나 적은 창업자금과 자금 준비가 부족한 이들은 소규모 창업을 원하고 있어요.

지난 2012년 8월에 교회에서 베이비부머 20여 명에게 외식사업 특강을 했을 때 사람들은 한결같이 적은 자본으로 어떤 외식업을 창업하는 것이 승률이 높은가에 관심이 많았어요. 필자는 간단하고 명확하게 답변을 했죠. 첫 번째, 주인이 요리를 할 줄 알아야 하며, 두 번째, 요리를 모르면 배워서 해라, 세 번째, 관심 있는 요리를 많이 먹으러 다녀보라. 많이 앞에서도 언급했듯이 한국을 대표하는 성악가(베이스) 이재준 씨는 이탈리안 레스토랑 오너 셰프로 거듭났어요. 이씨는 요리학원에 등록하여 1년 뒤 종로구 신문로에 '아데소'라는 이탈리안 레스토랑을 열었어요. 할머니가 만들어주는 것 같은 따뜻한 이탈리아 가정식을 내건 레스토랑은 3년도 안 돼 점심과 저녁에 60석 테이블을 꽉꽉 채운다고 합니다.

이씨는 평소에 먹는 것을 좋아해서 연주회를 위해 여러 도시를 다니면 언제나 그 도시의 '맛집'을 찾았다고 합니다.

이해를 돕기 위해 전략과 전술 한 가지를 소개해 봅니다.

베트남 군사영웅 보 구엔 지압(1911년생) 장군은 2012년 100세 생일을 맞이하였습니다. 지금 노환으로 병원에 누워있는 장군은 프랑스, 미국과의 전쟁을 승리로 이끌고 1979년 중국과의 국경전쟁에서 승리했습니다. 보 구엔 지압식 전략과 전술은 '소(小 : 작음)로 대(大 : 큰 것)를 이기는 것'입니다. 이는 즉, 소(小 : 적음)로 다(多 : 많음)와 맞서 싸우고, 양질(良質)로 다량(多量)을 이기고, 약(弱)으로 강(强)을 이는 것을 말합니다. 이러한 보 구엔 지압의 군사전략, 전술은 바로 예술이라는 평을 들을 정도입니다. 한마디로 절대 가방 크다고 공부 잘하는 것이 아니란 말입니다. 그러므로 대형 프랜차이즈 창업자들을 부러워하지 마세요.

2012년 9월초 부산 해운대에 살고 있는 처남 집에 놀러 갔을 때 저녁을 먹으러 가자고 해서 따라 갔는데 간 곳이 '오오꾸라 파스타'였어요. 필자가 스파게티를 좋아 하는 것을 알고 일부러 여기에 온 것 같아요. '오오꾸라 파스타'

간판 옆에는 일본어도 같이 붙어 있어서 필자는 일본 요리사가 경영하는 파스타 전문점이라는 것을 직감했죠. 밖에서도 요리하는 모습이 보여서 자신만만한 자세로 요리하는 요리사의 모습이 지나가는 고객에게 보이도록 한 것입니다. 그것은 아마 고객의 호기심을 유발시키기 위한 오오꾸라 상의 마케팅 같이 보였어요.

그곳의 실내 평수는 약 18평 정도이며, 주상복합 상가라서 천장이 높아서인지 복층으로 인테리어를 했어요. 미니 2층으로 다시 태어난 것이죠. 1층에 테이블 4개, 2층에 4개 등 모두 8개의 테이블이고, 주방은 오픈 주방이며, 오너 셰프 오오꾸라는 50대 초중반으로 보였어요. 외모가 인상적이었는데 머리를 스님같이 **빡빡** 밀어 영화배우 율 부리너가 요리하는 것 같이 보였어요. 특이한 것은 보조 없이 혼자서 요리를 한다는 점이에요.

음식 가격은 그리 비싸지 않았어요. 해운대 최고의 위치 센텀에서 메인스파게티와 마늘빵 한 조각과 샐러드를 조금해서 13,000원. 고객이 많이 먹는 대중적인 것은 값이 싸고 코스 메뉴는 18,500원이었어요. 음식은 맛있다고 느낄 수 없이 보통 맛이었지만 손님들이 자리가 없어서 밖에서 대기하고 있었어요. 오오꾸라 혼자서 요리해서 나오는 속도가 너무 느린 게 **빠른** 속도를 원하는 한국 사람에게는 단점으로 보였어요. 개업한지 3개월 정도인데 '대박가게'라고 알려졌어요. 필가 봤을 때 이 집은 앞으로 소문난 집으로 유명할 것 같아요. 무엇으로 소문이 나느냐? 음식 맛에서 소문나는 것이 아니라 작은 가게와 오너 셰프가 일본인이고, 머리를 **빡빡** 깎은 모습으로 주방에서 요리하는 모습이 아티스트같이 보이기 때문이에요. 이 집은 앞으로 신문과 잡지, TV 등 매스미디어에 소개될 것 같은 집이에요.

15평 미만 가게에서 오픈 주방으로 해서 전문점을 개업하면 1억 전

 베이비부머, 스타일 모르고 외식 창업 절대로 하지 마라

일본에는 20평대 미만 가게에 오픈 주방을 해서 주인이 직접 요리하는 데가 무수히 많아요. 2011년 8월말 후쿠오카 우베에 볼일이 있어서 아내와 함께 갔었어요. 우베에 있는 지인이 근처 유명한 라면집에 점심을 먹으러 가자고 해서 따라 갔어요. 승용차로 약 10분 정도 달려서 가게 부근에 도착했는데, 그때 그 모습이 한국에서 노숙자들이 급식을 받으려고 긴 줄을 서서 기다리는 것과 비슷했어요. 약 20미터 이상 줄을 서서 기다리고 있는 모습을 보니 이 가게는 '맛의 기다림'을 고객에게 심어주는 것 같았어요. 실내는 테이블이 하나도 없이 ㄷ자 모양으로 긴 바텐에 앉아서 먹는 곳이에요. 약 20명 정도 앉을 수 있는 바텐인데 라면이 빨리 나오고 빨리 먹을 수 있으니까 회전률이 엄청 빨랐어요. ㄷ자 안이 주방이라서 모든 고객이 요리하는 것을 보고 라면이 나올 때까지 기다리고 있어요. 오너 셰프와 보조 여자 한 명이 같이 요리를 하는데 서빙하는 사람이 없이 둘이서 모든 것을 다 하고 있었어요.

필자가 일본 도쿄나 오사카, 삿포로 등지에 생라면이 맛있다고 하는 집 여기저기를 다니면서 먹어 보았는데 이 가게의 라면 맛은 환상적이었어요. 그 맛의 여운이 지금 글 쓰는 이 순간에도 입 안에서 침이 고일 정도예요. 일본 만화와 드라마의 '심야식당'에 나오는 가게와 비슷한데 크기는 두 배 정도 크다고 보면 돼요. 오너 셰프의 나이는 50대 중반으로 보였고요. 일본에서 특이한 것이 있다면 오너 셰프의 나이가 많다는 것이에요. 그 이유는 장인정신으로 일을 하면서 그 일에 흠뻑 빠져서 즐겁게 일을 한대요. 여기 주인 셰프의 패션은 머리에 검정 두건을 쓰고 흰색 반팔 T셔츠 차림에 청바지를 입었는데 활동성이 있어 보이고, 깨끗하고, 젊어 보여서 좋았어요.

스타일 있는 작은 가게가 큰 가게보다 실속이 있어서 투자에 비해 마진율이 높아요. 가방 크다고 공부 잘하는 것이 아니잖아요. 작은 가게지만 주인의 모습이 푸드 아티스트 같이 보이고, 값이 싸고, 맛이 있어야 해요. 그리고 인테리어의 차별화가 중요하고, 스타일이 있고 칩 앤 시크하면 '小'가 '大'를 이길 수 있어요.

열정 고객을 만들어라!

열정 고객은 식음료 사업의 확실한 왼팔이죠. 그들은 특정한 메뉴와 서비스, 주인에 대한 변함없는 신뢰성과 만족을 표현하는 데에만 머물지 않고 가게의 특징을 주위에 널리 전파하기 위해 '마케터너'로 변신하기도 하지요. 그래서 열정 고객은 주인이 만들어 가야 합니다.

경영연구소 공병호 소장은 "소비자 개개인은 인간 본연의 욕구를 가진 존재이기 때문에 자신이 인간다운 존재로 대접받기를 원할 뿐만 아니라 동시에 자신의 욕구가 존중되기를 바라는 소망을 갖고 있다"고 했습니다. 이 점을 정확하게 조준하여 성공한 업체들은 소비자들을 열정 고객으로 만들어 낼 수 있다고 합니다.

필자의 친구 아들인 승환 군은 "스파게티는 '파스타민'이 최고!"라고 떠들고 다녀요. 이것이 구전으로 소문이 나는 것이고 열정 고객의 마케터너가 되는 것이죠. 또 구청 직원 동욱 씨는 "난 스파게티는 '파스타민' 가게 말고는 먹지 않아!"라고 외치고 다녀요. 이유는 고객의 욕구가 그 가게에 맞아 떨어지기 때문이죠.

세계에서 가장 유명한 일식 요리사인 마츠히사 노부유키는 "요리에서 가장 중요한 건 마음과 열정(Heart & Passion)"이라고 하는데 요리사와 손님 사이에 마음이 전해져야 열정적으로 요리를 한다는 말이에요. 고객과 셰프의 마음이 열정으로 전해졌을 때 열정 고객이 되어서 그 가게가 번창합니다.

명품으로 사랑받고 있는 포르쉐나 페라리, 람보르기니 자동차와 모터사이클의 명품 할리 데이비슨은 확실한 열정 고객들을 갖고 있죠.

서울 천호동 로데오 거리에 있는 '커피와글'이라는 카페가 있어요. 약 20평 규모에 테이블 8개가 고작입니다. 그러나 이곳은 주인의 열정 고객들로 모여들고 있습니다. 주인에게 그 이유를 들어보니 "우리 카페 말고도 다른 곳이 많으나 열정 고객이 오는 진짜 이유는 커피 맛보다 사람 때문입니다." 즉, 카페 운영의 핵심이 사람이란 셈입니다. 고객이 바로 이 카페의 문화니까 주인은 적극적으로 고객과 소통하려고 노력할 수밖에 없겠죠. 이것이 바로 열정 고객을 만드는 것입니다. 중요한 것은 고객이 그 가게에 대한 확신을 가질 수 있어야 하고, 정서적인 교감을 느낄 수 있어야 한다는 점입니다.

공자는 "남을 대할 때 그 사람의 몸도 내 몸같이 소중히 여기라. 내 몸만 귀한 것이 아니다. 남의 몸도 소중하다는 것을 잊지 말라"고 했어요.

고객과의 교감이 있어야 열정 고객을 만들 수 있다는 사실을 결코 잊어서는 안 됩니다.

주먹구구식으로 장사하지 마라!

"요즘도 주먹구구식으로 장사를 하는 가게가 있어요?"라고 묻지만 지금도 무수히 많습니다.

흔히들 "장사는 잘되는데 남는 것이 없다"라는 말을 많이 들어봤을 거예요. 장사가 잘되면 남는 것이 있어야 당연한 것인데, 이 말은 경영을 못한다는 말과 같죠. 그리고 주인이 '관리'라는 배경 지식이 없어도 마찬가지예요. 외식업도 제조인데 제조에서 제일 중요한 것이 원자재(식자재)관리라고 생각합니다. 예를 들어 한 달 매출 2,000만 원에 식자재가 약 600만 원이면 어떤 식음료 장사라도 거의 비슷하게 수익이 날 거예요. 그러나 식자재 1,000만 원이 투입되면 남는 것이 거의 없어요. 이 말은 식자재 로스가 엄청 많다는 것이죠. 관리를 못하면 '밑 빠진 독에 물붓기식'이에요. 지출에는 매출과 관계없이 고정 경비가 있어요. 임대료, 전기료, 전화료(스마트폰, 인터넷), 보안비, 살충제비, 화재보험, 금융이자 등. 변동경비는 식자재, 인건비, 가스료, 부가세, 소득세, 기타잡비(세금은 매월 적립해 놓을 것) 등.

(매출 − 고정경비 − 변동경비 = 순이익)

하루하루 매입매출 장부를 해서 월말에 손익분기점을 파악해야 합니다. 요즘은 '포스기'가 있어서 매일 장부하기가 아주 쉬워졌어요. 자영업을 하는 지인들에게 들어보면 매입매출 장부를 하지 않는다고들 해요. 가방 크다고 절대 공부 잘하는 것이 아닌 것처럼 매출이 많다고 이윤이 많이 나는 것이 아니고, 매출이 적더라도 매입매출 장부를 하고 식자재 관리를 철저히 하면 이윤이 많이 남을 수 있어요. 식음료 장사는 매출이 조금만 올라와도 관리를 잘하면 이윤이 다른 업종에 비해 높은 편이에요. 그래서 필자가 목이 터지도록 오너 셰프와 오너 바리스타가 되어야 한다고 외는 것입니다.

셰프를 고용하는 외식업체는 식자재 관리문제가 제일 어려워요. 매일매일 조사하고 파악을 못하는 것이 외식업입니다. 그래서 셰프에게 믿음을 심어주

페이 셰프를 고용할 때 주의해야 할 점

- 유명한 가게에서 요리사로 근무했어도 먼저 요리 맛을 봐야 합니다(장소가 없을 때는 집에서라도 내 가게의 전문 메뉴를 만들어서 가까운 친인척이나 지인과 함께 맛을 봐야 합니다).
- 개업 20일 이내에 셰프가 결정되어야 주방 동선과 주방 기물을 셰프에게 맞는 것으로 선택할 수 있어요.
- 인품을 중요시 하세요(면접을 볼 때 눈을 보면서 책임의식에 대한 내용을 많이 나누세요).
- 미혼 셰프는 채용하지 마세요. 책임감이 없어요(30대 중반 이상의 처자식이 있어야 주인의식이 있어요).
- 외모가 중요해요(깨끗한 복장에 깨끗한 요리가 나오고 청결한 주방을 만들어요).

면서 월 매출 대비 월 식자재 값을 월말이면 오픈해야 하지요. 투명하게 경영을 해야 셰프가 살림을 잘 살아줍니다.

지인이 경영하는 '스토리 빌리지'라는 레스토랑이 있었어요. 장사는 잘되는데 매달 남는 것이 없다고 하면서 2년 후에 다른 사람에게 가게를 넘겼어요. 이 주인이 레스토랑을 창업했던 이유는 인테리어 사업을 하면서 입지가 좋은 가게가 나오자 자기가 공사를 하면 큰돈이 들어가지 않기 때문에 창업을 하였던 거예요. 가게에 있는 시간은 저녁 늦게만 있고, 대부분 책임자에게 맡겨놓았어요. 관리가 전혀 되지 않았던 거죠. 때문에 식자재 로스가 많고, 부정도 있었다고 하더라고요. 스타일 있는 외식 창업에 성공하려면 본인이 전문가가 되어서 하루하루 매입매출을 파악하고 로스가 나지 않게 철저히 관리를 해야 앞으로 남고 뒤로 밑지는 일이 없어요. 주인이 직접 필드에서 뛰어야 합니다.

 베이비부머, 스타일 모르고 외식 창업 절대로 하지 마라

장사 안 된다는 말, 하지 마라!

요즘 같은 불경기에 외식업 주인들은 장사가 안 된다는 말을 습관처럼 입에 달고 있어요. 이런 말을 자주하면 재수가 없어 정말 장사가 안 돼요. 사람은 말하는 대로 이루어진다고 합니다. 옛말에 '말이 씨가 된다'고도 했는데 주인이 '장사가 안 된다'고 종업원 앞에서 자주 말을 하게 되면 종업원은 힘이 빠지게 되고 근무태도가 좋을 리도 없죠. 그리고 장사가 안 된다는 주인의 말을 자주 들으면서 이 집에 근무할 이유가 없어 월급을 받고 그 다음 날 나오지 않을 수도 있어요. 장사가 안 되어도 종업원 앞에서는 "내일은 손님이 많이 올 거야! 우리 힘을 내자"라는 등 희망의 메시지를 가게 전체에 띄워야 합니다. 그러면 종업원이 힘이 나서 청소도 더 깨끗하게 하고 손님들에게도 더 친절하게 대할 것입니다.

장사 안 된다는 말은 부모와 형제, 친구에게도 할 필요가 없어요. 스타일 있게 잘하면 분명히 손님이 오기 때문이죠. 손님이 들어와서 "이 집 왜 이렇게 조용하지?" 할 때는 "조금 전까지 무척 바빴어요. 지금은 조용하네요" 이렇게 말을 해야 해요. 그리고 손님이 없어도 주방에서는

"지글지글~." 시즐링이 있어야 가게가 활기차고 고객이 들어왔을 때 손님이 없어도 활기가 있어 보여요.

2002년 한일 월드컵 기간 약 15일 동안 장사가 전혀 되지 않았어요. 이유는 실내에 대형 TV가 없었어요. 그리고 고객들은 군중심리에 여러 사람이 모이는 장소에서 먹고, 마시고, TV를 보고, 응원하며 즐겼죠. 그때 장사 안 될 때 필자는 찬스라 생각하고 주방과 홀, 화장실, 외부 등을 대청소했어요. "월드컵 경기가 끝나면 손님을 맞이할 준비를 하자"고 외쳤던 거죠. 월드컵 경기가 끝나고 바로 손님들이 몰려 들어왔는데 만약 그때 대청소도 하지 않고 장사가 안 된다고 넋두리만 했었다면 가게 대청소도 못하고 손님도 오지 않았을 것입니다.

20년 전이나, 10년 전이나, 작년이나 장사하는 사람들은 절대 잘된다는 말을 하지 않죠. 대부분 불경기라며 억지로 장사를 한다고 할 겁니다. '장사 잘 되어도 안 된다. 장사가 안 되어도 안 된다.'

그러나 경기 탓을 하지 않는다는 스테이크 하우스 '아트리움' K 사장은 그간 단 한 번도 종업원과 친구, 지인들에게 장사 안 된다는 말을 하지 않았다고 합니다. 이유는 "내가 내 입에서 그런 말이 나오면 남들이 '그 집주인도 안 된다더라' 하고 떠들어 댄다"는 것이에요. 그는 손님이 없을 때는 무조건 대청소를 시킨다고 합니다. 밀고, 닦고를 시키면 종업원도 할일이 있고, 왠지 손님이 많이 올 것 같은 기분이 든다고 해요. '아트리움'은 18년이 지나도 헌집이 새집 같고, 새집이 헌집 같은 자연스러운 분위기가 나는 가게예요.

우리의 생각과 언어, 행동은 언젠가 될지 모르지만 되돌려 받게 됩니다.

"짜증나! 죽고 싶어! 이제 끝장이야! 나는 망했어!"와 같은 부정적인 언어습관을 갖고 있는 경우가 많은데, 이런 사람들은 대부분 실패를 해요. 이것이 바로 '말이 씨가 된다'는 것입니다.

조엘 오스틴(Joel Osteen)은 "올바른 생각을 품어라. 항상 긍정적이며 행복하고 기쁜 생각을 하면 주위에 행복하고, 기쁘고 긍정적인 사람이 모여든다. 인생은 생각 따라 가며, 위대한 생각은 위대한 현실을 낳는다"라고 했어요.

스타일 있게 장사를 하려면 장사가 안 되어도 긍정적인 생각을 갖고 '내 가게는 잘 될 거야'라고 밝은 모습으로 임하세요.

장인이 되어라!

시너지(Synergy) 힘을 발휘하세요

기획재정부가 얼마 전 발표한 뉴스를 보면 노인기준 연령을 현재 65세에서 70세나 75세로 바꾸는 정책을 내 놓았어요. 이것을 보면 베이비부머는 청춘이죠. 그리고 앞으로 30년에서 50년을 더 살아가야 합니다. 이제 반평생밖에 살지 못했다는 거죠. 제2의 인생을 출발하는 그야말로 은퇴(Retire)입니다. 타이어를 다시 갈아 끼우고 출발하는 것인데, 철저한 스타일을 갖고 외식 창업을 하면 평생을 할 수 있어요. '장인은 예술가다'라는 일본말이 있듯이 나이가 들어서도 좋아하는 일을 하는 것이 '마니아'가 되는 것이죠.

이젠 혼자서도 당당하게 원하는 일을 하고 스스로 표현하는 사람이 인정을 받고 있어요. 시너지를 마음껏 발휘할 수 있는 개인의 시대가 왔음을 알리는 증거가 뚜렷하게 나타납니다. 바로 1인 창업자예요. 자기만족과 일에 대한 즐거움을 가진 1인 외식 창업자는 성률확률이 높아요.

요리 기술은 나이가 많고 적음을 떠나서 건강한 날까지 실력 발휘를 할 수 있어요.

하드록 그룹 싱어 김병삼(49세) 씨는 라면카페 사장님으로 변신하였어요. 오너 셰프인 그는 서울 마포구 서교동 홍익대 인근 상상사거리 바로 옆 떡볶이 골목에 있는 '맛 좀 볼래' 라면 카페를 운영하고 있어요. 김씨는 20년 이상 몸담았던 그룹사운드 '제로지' 헤비메탈 그룹의 싱어를 청산하고 자기가 가진 반항적인 기질과 미술, 음악에 대한 재능을 모두 동원하여 남이 흉내 내기 어려운 맛을 가진 독특한 라면의 고급화에 성공했어요. 인테리어를 여학생들의 취향에 맞게 과감히 차별화한 것도 성공이었어요. 그 결과 현재 8개의 직영점과 체인점을 보유한 라면업계의 대표주자 중 한 사람이에요. 김씨 역시 라면의 마니아가 되어서 시너지 힘을 발휘하여 오너 셰프로 성공한 케이스입니다.

베이비부머 마니아로 변신하면 건강이 따라주는 한 20~30년은 더 사업을 할 수 있어요. 양갱과 모나카 단 두 개의 상품을 60년 넘도록 만들어온 '오자사' 대표 이나카키 아츠코는 1932년생(81세)입니다. 아직도 여자의 몸으로 남자도 힘들다는 팥 끓이는 일을 직접 한다고 하며, 자신의 건강관리를 위해서 그는 집과 일터를 자전거로 출퇴근합니다. 마니아는 죽을 때까지 그 일을 합니다.

셰프가 되고 싶어서 패션을 벗어버린 디자이너

필자는 요리를 하고 싶어서 33년 이상 열정적으로 옷을 만들어 왔던 패션 디자이너란 화려한 옷을 벗고 은퇴를 했어요.

패션과 요리는 모두 조화의 예술입니다. 옷은 디자인을 해서 옷감(원자재), 안감 부직포, 실, 단추(부자재)를 디자이너가 조화를 이루어 하나의 작품(옷)으로 완성하듯 요리도 모든 재료가 조화가 돼야 맛과 향을 내지요. 그런 조화가 절정에 이르렀을 때 행복감을 느끼기 때문에 셰프가 되고 싶었던 거예요.

패션과 요리는 모두 오감의 예술입니다. 디자이너는 패션쇼를 통하여 좋은 작품을 선보일 때 행복감을 느끼고 셰프는 맛있는 요리를 사람들이 먹으며 즐겁게 이야기를 나누는 모습을 보면 황홀감을 느낄 것입니다. 그래서 요리를 배우려고 했어요.

필자가 초등학교 2학년 때 운동을 하다가 다쳤던 다리를 수술하겠다고 서울 S병원으로 진료를 하러 갔어요. 수술의 목적은 요리사가 되고 싶어서요. 몇 번 왔다 갔다 하면서 진료를 받고 수술날짜를 잡았어요. 수술날짜 이틀 전 담당의사가 미팅을 하자는 겁니다. 수술 후 재활활동이 너무 힘들고 재활 기간이 길면서 몹시 아프다고 해요. 그리고 완치 후 하루 종일 서서 요리를 하면 다리에 무리가 가서 좋지 않은 결과가 올 수도 있다며 한 번 더 생각해보라고 하더군요. 그러면서 그래도 꼭 수술을 하고 싶다면 해주겠다고 했어요. 필자는 그때 나이 50대 중반이었어요. 만약 후유증이 있으면 더 나쁜 결과를 생각해서 수술을 포기했어요.

창업 후 필자는 직접 요리를 하여 고객에게 맛있는 음식을 서비스하며 제2의 인생을 살고 싶었습니다. 즉, 셰프가 되어 음식을 디자인하는 사람으로 리본(Reborn)하고 싶었던 겁니다. 정말로 이탈리안 셰프로 다시 태어나고 싶었어요. 디자이너로 은퇴해서 요리하는 것이 얼마나 멋있어요. 고객들에게 맛있는 요리를 해주면 메리트도 더 느낄 것이라고 생각했어요.

그러나 여의치 않게 요리사의 꿈은 사라져버렸습니다. 그래서 이미 디자이너란 옷도 다 벗어버렸기 때문에 필자는 오로지 대박 나는 가게를 연구하기 시작했습니다. 그리하여 실패한 이유와 성공한 이유를 찾아내어서 수정하고, 더욱더 노력하여 필자만의 스타일을 완성시켜 대박 나

'곤조'(根性)를 잉태하세요

일본은 업(業)을 가진 자를 '곤조'가 있다고 해요. 곤조는 '근성이 있다'는 뜻이죠. 그러나 한국에서는 나쁘게 전해지고 있어요. '저 사람 곤조가 세다'는 말은 '성질이 좋지 못하고 행실이 안 좋다'고 불리고 있지요. 오리지널 외식 창업자는 곤조 없이, 카페나 레스토랑, 이자카야(선술집)의 경쟁에서 이길 수 없어요. 특히 오너 셰프가 되겠다면 곤조를 키워야 해요. 곤조가 없으면 고객에게 어필할 수 있는 메뉴가 탄생하기 어려워요. 옛날에는 기술자에게 곤조가 있다고 했어요. 곤조가 있으니까 최고의 마니아가 된 것이 아니겠어요?

1975년, 필자가 패션디자인을 배울 때입니다. 그때는 패션디자인학과가 대학에 없었어요. 고작 있었던 것이 가정학과에서 간단히 옷을 만들어 입는 방법이었어요. 그때 가정학과는 100% 여학생이었죠. 학원에서 디자인을 배우고 양장점에서 실습을 받는 것이 고작이었어요. 그것도 '빽'이 있어야 실습을 받을 수 있었어요. 필자는 불편한 몸(지체장애 3급)으로 학원을 졸업하고, 약 6개월간 실습을 받았어요. 실습을 받을 동안 필자는 명함을 인쇄하여 친구와 친지, 선배, 어머니 친구 등 아는 사람들에게 무조건 돌렸어요. 며칠 지나고 나니 아는 사람이 모이기 시작했어요. 그 손님들을 필자가 직접 디자인해 주었어요. 2개월이 지나니까 양장점(그때는 양장점이라고 불렀어요) 주인이 노란색 봉투를 필자에게 주었어요. 필자는 퇴근을 하면서 무슨 편지 내용인지 싶어서 열어보니까 돈이 2만 원이 들어 있었어요. 필자가 태어나서 받은 첫 월급이었어요. 실습을 받으면서 월급까지 받는다는 것은 당시로선 정말 어려웠던 일입니다. 지금 화폐로 환산하면 80만 원의 값어치였어요.

필자는 6개월 실습을 하고 '변상일 패션'을 바로 창업했어요. 돈이 있어서 창업한 것이 아닙니다. 그때 아버지는 공무원 정년퇴임을 하셔서 물류도매상을 하시다가 퇴직금과 주택 등 모든 것을 다 날리고 깡통 찼을 때였어요. 필자는 주위에 여러 친척들에게 약 150만 원(그때 150만 원은 한옥 한 채 값이었어요)을 빌려서 대구 최고의 중심가 동성로에 7평의 자그마한 양장점을 창업했어요. 주위 친척 분들이 필자를 보고 틀림없이 성공할 수 있는 곤조가 있어 보인다고 돈을 빌려주셨어요. 열심히 좋은 디자인을 해서 단골 확보를 잘하여, 다시 말해서 장사를 잘해서 2년 만에 빚을 다 갚았어요. 필자가 곤조가 없었으면 장애인으로 어려운 패션세계에서 살아남지 못했을 거예요. 그리고 30여 년간 전국 백화점 10여 개에 매장을 운영하고, 미국과 중국, 아시아 등지에서 패션쇼를 하면서 한국 패션을 세계에 알렸어요. 지체장애 3급으로 국내 패션쇼만 해도 40~50회 이상을 했던 전무후무한 국내 디자이너였어요. 그렇게 활동한 것은 필자의 가슴속에 곤조가 가득히 차 있었기 때문이었죠.

더구나 파스타가 좋아서 음악공부를 포기하고 파스타 공부를 해서 지금은 직원 15명을 거느린 주인이 된 아들 역시 업(業)에 미쳐서, 아니 곤조로 똘똘 뭉친 마니아가 된 것입니다.

잡지사 기자로 일했던 박찬일 셰프는 이탈리아 관광청에서 박씨에게 보수(돈)를 줘야겠다고 합니다. 맛깔스러운 요리와 글로 이탈리아의 음식과 문화를 소개한 것을 높이 산 것이죠. 박씨는 지금까지 9권의 요리책을 냈어요. 3년간 이탈리아에 있으면서 곤조가 넘치도록 이탈리아 요리를 배우고 요리사로도 일을 했어요. 곤조가 없었으면 박 셰프는 9권의 책을 펴내며 이탈리아 요리법을 소개하지 못했을 겁니다. 이탈리안 서민식당이면서도 우리의 목로주점 같은 맛있는 식당을 해보고 싶어서 준비 중이라는 그는 자기 요리를 먹고 즐겁고 행복해하는 사람들을 보면 마음의 치유를 얻는다고 합니다.

이처럼 베이비부머들 역시 곤조가 더 있어야 치열한 외식업 경쟁에서 살아남을 것입니다. 그 업종의 그 품목과 동침을 하듯이 같이 생활해야만 곤조도 배울 수가 있어요. 가게 마감 후 퇴근하지 않고 밤새도록 훌륭한 맛이 나올 때까지 식자재와 동침하세요. 훌륭한 맛이 나오지 않으면 그 분야의 일인자를 많은 보수를 주고 데려와서라도 같이 동침하세요. 아름다운 아침이 되기까지 동침하세요. 그러면 곤조를 잉태할 수 있을 것입니다.

특정 메뉴에 제대로 미쳐야 장인이 돼요

장인정신으로 그 메뉴를 마스터해야 해요. 장인정신이란 자기가 하고 있는 일에 전념하거나 한 가지 기술에 전공하여 그 일에 정통하려고 하는 철저한 직업정신을 말해요.

우리들은 흔히 장인정신이라면 젊었을 때부터 기술을 터득하여 수십 년간 다듬어온 사람을 말하는데 잘못된 생각이에요. 장인정신은 철저한 직업정신이죠. 카페의 메뉴는 쉽고 식사 메뉴는 어렵다고 일방적으로 알고 있겠지만 잘못된 생각이에요. 전문점으로 창업하여 그 메뉴에 올인하면 2~5개월 만에 마스터할 수 있어요.

일본 드라마 '심야식당'에 나오는 주인 겸 셰프는 요리에 미친 사람이에요. 전문점은 주인이 요리에 미쳐야 고객을 불러 모을 수가 있어요. 일단 맛이 있으면 한 사람이 두 사람이 되고 두 사람이 열 사람이 되는 것이 외식업의 매력이죠. 일본 이자카야(요식업)의 전설 우노다카시는 "외식업은 건전한 다단계 사업"이라고 해요. 그 가게를 좋아해 주는 고객이 다른 고객을 데려와 주고, 그 고객이 또 다른 고객을 데리고 찾아와 주어야 성장해 나간다는 거예요. 오 픈 주방에서 파스타와 스테이크, 치킨 요리 등을 하면서 고객과 깊은 대화를 나누는 것이 베이비부머들의 멋있는 모습이 아닐까 싶어요. 필히 한 품목으로 승부를 걸어야 합니다.

프랜차이즈 창업비용에 비해 오리지널 창업비용은 평균 40%~60% 정도 투자되지요. 오리지널 창업비용이 적게 투자되는 만큼 창업자는 부담스러워 요. 부담스러운 이유는 내가 직접 요리를 배우고 커피도 추출해야 하지요. 요 리를 배우는 것은 프랜차이즈도 마찬가지예요. 단지 본점에서 중간에 조금씩 핸들링해 주는 것밖에 없어요. 요리를 잘 배워두면 평생 보장이 되며, 내가 노 동력이 있을 때까지 장인정신으로 일을 할 수 있고, 2세에게도 전수할 수 있 어요.

유명한 '국일따로' 식당이 있어요. 한국 연예인들이나 스포츠 선수들이 수 없이 왔다가 얼큰한 따로 국밥 한 그릇을 먹고 사인도 해 주고 가는 집이에 요. 이 집 벽 한 쪽에는 연예인들이나 유명 스포츠 선수들의 사인지로 도배를 하였어요. 이 집은 지금 2세가 경영을 하고 있는데 1세가 경영할 때보다 손님 이 많아요. 이유는 역사와 전통이 있는 60년 된 집이기에 손님들이 더욱더 메 리트를 느끼죠.

이탈리안 레스토랑 스테이크 하우스 '블루밍가든'과 '붓처스컷'의 박영식 대표는 메뉴에 미쳐 뉴욕과 홍콩의 유명 레스토랑을 수시로 방문, 오전 10시 부터 오후 10시까지 12시간 동안 하루 7~8끼를 먹으며 메뉴 탐구를 한다고 하는데 보통 한 번 가면 5일 정도 머물면서 40여 곳의 레스토랑을 가본다고 합니다.

미국 속담에 'Easy come easy go!'(쉽게 오면 쉽게 간다!)라는 말이 있습니다. 외식업을 쉽게 생각하고 덤벼들었다가는 쪽박 찬다는 사실을 결코 잊어서는 안 돼요.

어렵게 시작한 외식 창업, 메뉴에 미쳐서 자신만의 맛을 개발하여 평생이 보장되는 업으로 장인이 되어야 해요.

장인은 디자이너가 되어야 합니다

13년 전 '주유소 습격사건'이라는 영화가 대박을 터뜨렸죠. 이 영화의 줄거리 속에서 가슴에 와 닿는 장면이 있었어요. 주유소 2층 기숙사 내에서 유오성은 여러 명을 꿇어 앉혀 놓고 "나는 때릴 때 한 놈만 팬다"라고 했어요. 이유는 한 놈만 무참히 패면 다른 놈은 기가 죽어서 가만히 있다는 것이죠. 그렇지요. 요리도 한 가지에 매달려 장인이 되어야 합니다.

필자는 이탈리안 레스토랑을 아들에게 2년 전에 증여를 해주었어요. 그 이유는 아들이 장인정신이 몸에 박혀있는 것 같아서 결정을 내린 것이에요. 파스타라는 한 품목을 갖고 올인하는 모습과 그 기술을 뛰어 넘어 파스타라는 메뉴에 대한 자존심이 대단하게 보였기 때문이에요.

앞에서도 언급했지만 일본 도쿄의 어느 마을에서 양갱과 모나카를 파는 '오자사'라는 양갱이 전문점이 있어요. 하루에 150만 개를 만들어 내는 이 업체의 연매출은 40억 원이고, 역사는 60년 전통입니다. 상품은 딱 두 가지 양갱이와 모나카. 그러나 최고를 만들지요. '오지사'의 이나카키 아츠코 사장은 "기술자는 머리로 생각하지만 장인은 온몸으로 느낀다. 장인이 인정받는 것은 단순히 기술이 뛰어나서가 아니다. 그 기술을 뛰어 넘는 감각이 있기 때문이다"라고 합니다.

‘김치를 디자인 하는 남자’ 오영석은 필자와 친굽니다. 그는 최고의 디자이너를 꿈꾸면서 일본 문화복장학교를 졸업하였어요. 그런 그가 디자이너를 포기하고 마케팅을 공부하여 한국인으론 최초로 일본 게요백화점에 입사하였어요. 몇 년 후 거기를 그만 두고 김치를 만드는 공장을 창업하여 지금 일본에서 연매출 6,000억 원을 올리는 기업인이 되었어요. 이 친구는 김치에 올인하여 오로지 맛있는 김치를 디자인하는 남자가 되었어요. 오 대표는 김치를 맛있게 만드는 것은 물론 보기 좋고 먹음직스럽게 디자인한다고 합니다.

일본의 빵집들은 장인 셰프가 직접 빵과 케이크를 굽고 가게를 운영하는 곳이 대부분이에요. 그래서 일본 과자와 빵, 케이크는 세계 최고의 수준입니다. 우리가 일본 여행을 갔다 오면서 과자나 빵, 케이크를 선물로 사가지고 올 때가 많죠.

파주 헤이리에 있는 ‘칼디커피’ 서덕식 대표는 10년 이상 숯불커피와 동거하고 있어요. 여기에서만 볼 수 있는 숯불로 커피를 볶는 광경과 사이폰(Siphon)이나 융으로 커피를 내리는 모습이 인상적이랍니다. 서 대표는 장인정신으로 고객에게 커피를 디자인하는 모습을 눈으로 직접 보여 줍니다.

부산에 있는 셈베(전병)이과자 ‘이대명과’는 하루아침에 이루어진 제품이 아닙니다. 단순히 과자만이 아니라 과자를 굽는 틀 기구 등을 독자적인 기술로 개발(디자인)하지 않았다면 만들어 낼 수 없었습니다. 김남호 명인은 현재 치매로 투병중인 아버님에 대한 사랑을 그의 과자에 대한 열정으로 대신하고자 아버님께서 걸어오셨던 장인의 길을 걷고 있습니다. 끊임없이 자신만의 과자 만들기에 매진하였던 아버님 김정기 옹은 한 개인으로서는 감당하기 어려울 만큼의 많은 연구비를 투자하여 오늘날의 ‘이대명과’를 있게 했습니다.

장인이 되려면 디자이너가 되어야 해요. 냉정히 말해서 장인과 디자이

 베이비부머, 스타일 모르고 외식 창업 절대로 하지 마라

너는 무엇을 만들어 내는 직업이에요. 물론 셰프도 푸드 디자이너죠. 요리도 코디네이션이 잘되어야 제 맛이 납니다. 음식도 아름답고 보기 좋게 만들고, 먹어서 맛있는 요리로 고객을 즐겁게 해주는 것, 바로 푸드 디자이너가 되어야 하는 이유입니다.

장인은 감각이 있어야 하는데 감각이 있는 장인이 되려면 스타일이 있는 칩 앤 시크로 무장해서 한 우물을 파길 바랍니다.

힐링(Healing)으로 롱런(Long-run)하라!

한자리에 가만히 앉아있거나 하루 종일 서서 일에 몰두하다보면 오히려 능률이 떨어지고 피로가 쌓일 때가 많아요. 이럴 때 적당한 휴식은 심신의 건강뿐 아니라 효과적으로 일하기 위한 에너지를 축적할 수 있는 발판이 되어요. 하루의 바쁜 일과 속에서도 시간을 쪼개어 쉴 수 있는 지혜로운 휴식습관이 있어야 합니다. 특히 베이비부머들은 그동안 장시간 몸으로 때우는 일을 하지 않았으므로 건강관리를 철저히 해야 가게를 잘 이끌어 나갈 수 있어요.

요즘 외식업의 장비에 의한 부작용으로 생긴 병이 있어요. 바로 '손목뼈 터널 증후군'이에요. 커피를 전문적으로 추출하는 바리스타는 손목뼈가 많이 상해요. 특히 셰프는 장시간 동안 칼질과 프라이팬을 많이 사용하지요. 그래서 손목 보호대를 차고 요리를 많이 하지요. 필자는 주방에서 근무하는 사람에게는 하루 일과를 시작하기 전에 5분간 손에 물기를 털 듯 손목을 흔들거나 손가락을 펼쳤다 접었다 하는 운동을 시켜요. 틈틈이 쉬는 시간에도 근육을 풀어주기 위해서 이 운동을 하라고 합니다. 이렇게 틈틈이 손목 운동을 하면 손목 근육의 긴장이 풀리고 혈액순환이 촉진됨과 동시에 '터널 증후군'

을 어느 정도 예방할 수 있어요.

운동을 매일 습관적으로 할 수 있는 헬스나 런닝, 걷기운동, 산책 등이 건강에 좋아요. 장사를 해보면 손님이 가장 적은 시간대가 있어요. 이때 약 2시간쯤 무조건 운동을 해야 건강을 유지할 수 있어요. 본인이 몸으로 때우는 가게이므로 몸이 재산이에요. 특히 오너 셰프나 오너 바리스타는 몸이 재산이므로 철저한 건강관리를 해야 성공한 가게를 만들고 고객에게 즐거움도 줄 수 있어요.

필자는 일반적으로 주위 사람들이 얼굴이 밝다고 해요. 그러나 근심 걱정이 있을 때는 차를 몰고 잠시 가까운 공원이나 산에서 한 시간 정도 산보를 합니다. 걸으면서 이런저런 생각을 하면 '주어진 이 환경도 감사하다'라는 각오가 생겨요. 잠시 산책이나 산보를 하면 근심 걱정이 모두 날아가고 긍정적인 생각으로 바뀌면서 마음의 평화가 오더라고요.

헨리 데이비드 소로는 "두 다리가 어디론가 향하고 있을 때 사고의 흐름은 촉진된다"라고 말했어요. 잠시 쉬는 시간을 가지면서 주위를 한 시간 정도 산책하는 것도 건강의 예방이므로, 걷는 것이 최고의 운동이라고 할 수 있다는 말이죠.

히포크라테스는 "마음만큼 위대한 의사는 없다"며 건강의 비결이 바로 마음에 있다고 했습니다.

또한 긍정적인 생각을 하면서 가게를 운영하면 건강을 유지할 수 있지만, 그렇지 않으면 스트레스로 인한 질병이 발생할 수 있어요. 주로 영업 부실이나 고객과의 문제, 직원문제, 가정문제, 경제적인 불안정으로 인해 실패를 하면 어떡하나 하는 걱정, 내가 이 일을 잘해야 한다는 압박감, 미래에 대한 불확실성이 스트레스로 인한 질병의 주요 원인이 됩니다.

스탠퍼드 의대 교수인 브루스 립튼(Bruce Liptop) 박사가 1998년 발표한 연구 결과에 의하면 "질병의 증상 95퍼센트는 스트레스가 그 원인이다"라고 했어요.

우리 모두가 희망하는 축복된 삶은 마음과 몸, 영혼이 건강해야 합니다. 건강한 삶을 위해서는 운동을 하면서 건강한 심신을 유지해 주는, 몸을 움직이는 습관을 길러줘야 합니다.

힐링으로 가게를 롱런하기 위해서는 욕망의 노예로 살지 마세요. 부자는 가진 것에 만족하는 사람입니다.

내과 전문의 이원식 박사는 "오랫동안 정기적으로 운동을 하면 인체적, 정신적으로 도움이 된다"고도 했습니다.

운동을 하면 우리 몸엔 어떤 도움이 될까?

- 규칙적인 운동은 육체적 퇴보를 느리게 해주며, 나이보다 피부의 탄력을 건강하게 해 줍니다.
- 운동을 하면 기억력이 좋아지고 창의력이 발산되어 치매예방을 해 줍니다.
- 운동을 하면 스트레스가 줄어듭니다.
- 운동을 하면 골다공증 예방을 해줍니다(뼈에 칼슘 침착을 도와준다).
- 운동을 정기적으로 하면 우울증을 예방할 수 있습니다.
- 운동을 하면 심장의 운동 능력을 향상시켜 줍니다.
- 운동을 하면 당뇨병을 예방해 줍니다.
- 운동을 하면 폐 기능을 향상시켜줍니다.
- 운동을 하면 정력이 강해집니다.
- 운동을 하면 장수합니다.